SEPA CÓMO LIMPIAR SU CASA DE ENERGÍA NEGATIVA

ziel

Lenz, Mariana A.
Sepa cómo limpiar su casa de energía negativa
1ª. ed. - Buenos Aires: Ziel, 2010.
96 p.; 20x14 cm.

ISBN 978-987-1184-09-35

1. Esoterismo. I. Título
CDD 130

Primera edición: octubre de 2005
Última reimpresión: febrero de 2010

I.S.B.N.: 978-987-1184-09-5

Se ha hecho el depósito que establece la Ley 11.723

Bartolomé Mitre 3749 - Ciudad Autónoma de Buenos Aires
República Argentina
Impreso en Argentina - Printed in Argentina

Se terminó de imprimir en Mundo Gráfico S.R.L., Zeballos 885, Avellaneda, en febrero de 2010 con una tirada de 2.000 ejemplares.

CAPÍTULO 1

Nociones sobre la energía

¿QUÉ ES LA ENERGÍA?

Uno de los grandes problemas para trabajar con efectividad sobre la energía negativa, consiste en que la mayoría de las personas poseen una idea equivocada sobre el concepto de energía. Por lo tanto, vamos a comenzar este libro acercándoles la información básica que deben tener en cuenta en el momento en que comiencen a realizar los diferentes rituales y técnicas que les proponemos para limpiar el hogar de energía negativa.

¿A QUÉ SE DENOMINA ENERGÍA?

En el universo, tal como lo conocemos, todo es energía. El mismo universo es una infinita masa energética en pleno movimiento. Cada una de las partes que compone el universo posee una energía que le es propia, y cada una de ellas es capaz de recibir e irradiar su propia energía. Así, los diferentes reinos que componen el mundo y hasta el más ínfimo objeto se encuentran formados por energía.

¿QUÉ ES LA ENERGÍA POSITIVA Y NEGATIVA?

La energía es una sola, es la misma para todos y todo, pero tiene diferentes maneras de manifestarse. Es muy importante comprender este concepto, el de la unicidad de la energía, porque es sobre esta única energía que conforma el universo sobre la que estaremos trabajando en el momento de la realización de la limpieza del hogar, así como en la limpieza de nuestro cuerpo, mente y espíritu.

Pero si bien la energía es una sola, posee básicamente dos maneras de manifestarse que se han dado en llamar: positiva y negativa.

Los términos de "energía positiva" y "energía negativa" se encuentran asociados a lo que comúnmente se conoce como "buenas ondas" y "malas ondas", respectivamente. Y no resulta casual esta asociación ya que las "ondas" son el modo en el cual vibra la energía y se transmite.

¿SABÍA QUE...

...la Iglesia Cristiana adoptó rápidamente el uso de amuletos y talismanes? Tanto fue así que en el siglo IV se prohibió al clero la fabricación de cualquier tipo de amuleto. Y si llegaban a desobedecer la orden, el castigo que se les imponía era el de privárseles de sus órdenes sagradas.

¿PUEDE TRANSFORMARSE UN TIPO DE ENERGÍA EN OTRA?

Todo ser, humano, animal, vegetal o mineral posee la capacidad de irradiar energía y transmitirla, a la vez que absorbe la energía de los demás. Es el tipo de energía, positiva o negativa, que irradia o absorbe la que la caracteriza en un momento dado. Cuando decimos "en un momento dado" nos estamos refiriendo, justamente, a que la energía que se manifiesta posee la capacidad de transformarse. Una energía positiva, que vibra en una alta frecuencia, posee la capacidad de negativizarse. De igual modo, una energía negativa, que vibra en una frecuencia más baja, puede positivizarse. Ésta es la clave para trabajar con la energía: la capacidad de transformación que posee.

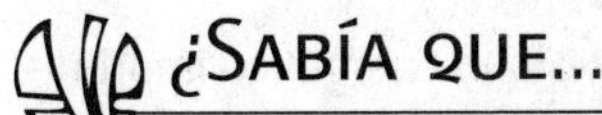

...los chinos consideran que un amuleto con la imagen del ave Fénix otorga gran protección y felicidad al hogar?

¿CÓMO RECONOCER LOS DIFERENTES TIPOS DE ENERGÍA?

Las energías positivas son aquellas que vibran en planos de frecuencia más elevada y nos ofrecen estados que, comúnmente, se denominan "positivos", como bienestar, alegría, amor, comprensión, comunión, solidaridad, felicidad, entendimiento, elevación, crecimiento, etc.

Las energías negativas vibran en planos de frecuencia menos elevada, más densa, y transmiten estados denominados "negativos" como son los de tristeza, cansancio, ira, agotamiento, irritación, molestia, enojo, abatimiento, etc.

Para reconocer los diferentes estados en que se manifiesta la energía, sólo basta hacer un esfuerzo para "escuchar" nuestro interior:

¿Nos sentimos nerviosos, cansados, agobiados, preocupados, irritados, molestos? Entonces la energía negativa se ha apoderado de nosotros.

¿Nos sentimos alegres, optimistas, felices, hermosos, con potencia de acción, con entereza frente a las diversas situaciones por las que debemos atravesar? Entonces la energía positiva vibra plenamente en nosotros.

Asimismo, podemos observar qué tipo de energía manifiestan los miembros de nuestra familia y nuestros semejantes.

¿QUÉ ES LA LEY DEL BOOMERANG?

Es necesario comprender qué significa la "ley del boomerang" cuando de trabajar con la energía se trata. La ley del boomerang significa, ni más ni menos, que todo aquello que emane de nosotros será devuelto a nosotros con la misma frecuencia con que se envió.

Esto significa que, si en la realización de un trabajo energético imprimimos aspectos negativos relacionados con el enojo, la ira, la venganza, etc., en mayor o menor tiempo nos será devuelto de la misma manera.

Pero además, la ley del boomerang decreta que cada sentimiento, pensamiento o acción que emane hacia el exterior, será devuelto con un poder siete veces mayor. Es decir, que el caudal de energía que se utilice como envío será recibido incrementado en siete veces más.

POR ELLO ES QUE EN LA MAYORÍA DE LAS RELIGIONES Y CREENCIAS SE ESTIPULA QUE SE DEBE TENER MUCHO CUIDADO CON EL TIPO DE ENERGÍA QUE AFLORE HACIA EL EXTERIOR; PUES, INVARIABLEMENTE, SERÁ DEVUELTA CON MAYOR PODER AL EMISOR.

¿CÓMO INICIARSE EN EL TRABAJO ENERGÉTICO?

Si es la primera vez que van a realizar rituales y trabajos energéticos, además de tener presente lo antedicho sobre la unicidad de la energía y la necesidad de una emisión positiva de la misma, deberán tener en cuenta el estado energético propio y del ambiente, en el momento en que se dispongan a realizar el trabajo.

Si el estado en el que se encuentran es negativo, deberán comenzar por ustedes mismos. A lo largo de este libro encontrarán una serie de rituales, ya sea con inciensos, velas o gemas, que podrán utilizar para equilibrar la propia energía. Pero el primer paso siempre consiste en aquietar la mente, el cuerpo y el espíritu, y esto se logra gracias a la realización de ejercicios de relajación y meditación.

Cualquier técnica de relajación que conozcan les servirá para este fin. Si no conocen ninguna, les ofrecemos, a continuación, una simple y fácil de realizar que los ayudará a disolver el estado energético negativo y propiciar el aumento de energía positiva en ustedes mismos.

TÉCNICA DE RELAJACIÓN

1 • Vístanse con prendas cómodas, holgadas, que no se ajusten al cuerpo.

2 • El ambiente donde deben realizar la relajación debe ser placentero, armónico, un sitio que los invite a mirar hacia su interior y no hacia el exterior. Por lo tanto, debe estar libre de interrupciones como el teléfono o la televisión, o de la visión de obligaciones pendientes, como por ejemplo, ver que quedó la vajilla sin lavar, que el tapizado del sillón está manchado, que la cama se encuentra sin tender, que el canasto de la ropa para lavar está desbordado, etc.

3 • Una vez que determinaron el mejor ambiente, extiendan una manta o colcha sobre el suelo. Deben sentirse muy cómodos, porque nadie logra llegar a relajarse si los huesos y los músculos duelen por la posición adoptada.

4 • Lo ideal es que realicen la técnica acostados sobre la manta, pero si fuera imposible siéntense en un sillón cómodo, colocando almohadones en la espalda para lograr mantener la columna lo más recta posible.

5 • Sitúense acostados o sentados y busquen la posición que les resulte de mayor comodidad. Tengan en cuenta que se trata de realizar un ejercicio de relajación para preparar la energía a fin de utilizarla en los trabajos energéticos, y no como técnica previa para "irse a dormir".

6 • Una vez que se encuentren cómodos, cierren los ojos.

7 • Respiren cinco veces seguidas, inhalando y exhalando en forma pausada y profunda.

8 • Comiencen, siempre con los ojos cerrados, imaginando que a la altura de sus ojos, pero fuera de su cuerpo y por delante, flota una bola de luz blanca que irradia toda su energía hacia ustedes. Mantengan esta visión y comiencen a cambiar el color de la luz pasando del blanco al dorado, al rosa, al violeta, al azul, para terminar nuevamente en blanco. Una vez que lograron visualizar toda la secuencia, continúen con el paso siguiente.

¿Sabía que...

...el ángel guardián de los niños entre los antiguos egipcios se llamaba Bes?
Era, además, el dios de la buena suerte y de la risa, y propiciaba la armonía y el bienestar en el hogar.

9 • Imaginen o visualicen cómo la energía fluye y emana de sus cuerpos. Para que les resulte más fácil, imaginen que esa energía es de color blanco.

10 • Una vez que han logrado mantener la visualización, lleven con la mente la energía a la totalidad de su cuerpo. Comiencen dejando fluir la energía desde la cabeza, luego observen cómo atraviesa el cuello, cómo llega hasta el pecho, pasa por el torso, inunda los brazos y las manos, continúa su

camino hacia el vientre y la zona de los genitales, luego envuelve las piernas (si no pueden visualizar ambas piernas a la vez, intenten primero con una y después con la otra), envuelve las rodillas, las pantorrillas, los pies y cada uno de los dedos hasta salir al exterior del cuerpo.

11 • Respiren profundamente unas cinco veces, inhalando y exhalando con suavidad, y mantengan la sensación de paz y armonía que han logrado hasta este momento. Disfruten de esta paz, respiren pausadamente y, con cada inhalación, sientan cómo la paz y el bienestar continúan ingresando en ustedes.

12 • Ahora, dirijan su mente hacia situaciones que les resulten muy placenteras. Pueden imaginar cualquier tipo de situación que, en otras épocas, los hayan hecho dichosos. Por ejemplo, un ambiente natural que les proporciona alegría y bienestar, o un bosque frondoso con plantas multicolores y aromas relajantes. Dejen fluir la imaginación y siéntanse libres y en paz.

13 • Una vez que lograron encontrar el ambiente propicio y disfrutar de esa imagen y de las sensaciones que les reporta, impregnen el escenario que están visualizando con una luz violeta. Abarquen cada una de las partes que componen su visualización y dejen que la paz se adueñe del momento.

14 • Cambien el color y tiñan todo el escenario con una luz dorada.

15 • Imaginen, ahora, que esa luz dorada recorre todo su cuerpo y sale de él hacia el mundo exterior. Imaginen cómo esa luz tiñe todos los ambientes por los que transita hasta lograr visualizar un universo pleno de luz dorada. Mantengan esa visión durante algunos minutos, disfrutando de la paz que reina en cada parte del universo.

16 • A continuación, respiren profundamente cinco veces en forma pausada. Mantengan esa sensación de paz y armonía durante el mayor tiempo que puedan.

¿Sabía que...

...en algunas regiones de Gales, Reino Unido, se cree que pintar de blanco el umbral de la puerta de entrada al hogar lo protegerá de la intromisión de malos espíritus?

17 • Respirando en forma pausada, pero ya no profunda, visualicen cómo esa luz dorada comienza a desvanecerse hasta que se disuelve por completo.

18 • A medida que respiran suavemente, comiencen a abrir, lentamente, sus ojos.

19 • Una vez que abrieron los ojos completamente, mantengan la posición corporal durante algunos minutos más, disfrutando de la relajación obtenida.

20 • Incorpórense suavemente, moviendo lentamente las manos, brazos, piernas y espalda, y mantengan todo lo posible la relajación.

AHORA SÍ, SE ENCUENTRAN PREPARADOS PARA TRANSITAR EL CAMINO HACIA EL CONOCIMIENTO DE LAS PRÁCTICAS MÁS ADECUADAS PARA LOGRAR DESTERRAR LA ENERGÍA NEGATIVA DEL HOGAR.

CAPÍTULO 2

Pautas básicas para la limpieza energética del hogar

APRENDER A DEPURAR EL HOGAR

Como hemos visto con anterioridad, la energía negativa no es otra cosa que la energía densificada, degradada en diferentes niveles que pueden ir desde simples malestares hasta iracundos odios. Cuando nos referimos a la necesidad de realizar una limpieza de energía negativa en el hogar, estamos haciendo mención a tres aspectos fundamentales:

1 • La depuración y transmutación de la energía negativa de la propia casa.

2 • La disolución y transmutación de la energía negativa de todos los miembros integrantes de ese hogar.

3 • La protección energética frente a personas que ingresen al hogar y, de corresponder, la transmutación de la energía negativa que pudieran haber dejado en el mismo.

A lo largo de este libro encontrarán diversos rituales que contemplan estos tres aspectos. Pero, para comprender con mayor profundidad qué significa la limpieza energética del hogar deberemos detenernos en este momento en los conceptos que atañen al punto 1.

¿QUÉ SIGNIFICA LA LIMPIEZA ENERGÉTICA?

La limpieza energética significa purificar el hogar. Pero para que este concepto se entienda en forma acabada, presten atención al siguiente planteamiento:

IMAGINEMOS EL DIBUJO DE UNA LÍNEA VERTICAL. EN EL EXTREMO SUPERIOR SE ENCONTRARÍA LA "PERFECCIÓN", Y EN EL EXTREMO INFERIOR LA "IMPERFECCIÓN". TODO AQUELLO –PENSAMIENTO, SENTIMIENTO, ACCIÓN, ETC.– QUE SE SITÚE EN LA PERFECCIÓN O TIENDA A ELLA PUEDE SER DEFINIDO COMO "POSITIVO". EN EL OTRO POLO, TODO AQUELLO QUE SE SITÚE O TIENDA A LA IMPERFECCIÓN SERÁ "NEGATIVO". LA PURIFICACIÓN CONSISTIRÁ EN LOGRAR QUE LOS DIFERENTES ESTADOS ENERGÉTICOS NEGATIVOS CRUCEN LA LÍNEA MEDIA Y COMIENCEN A SITUARSE EN LOS NIVELES DE PERFECCIÓN O POSITIVISMO.

Teniendo en mente este planteamiento y continuando con su lógica, diremos que la limpieza energética abarca en sí misma dos aspectos:

1. La purificación de la energía inmaterial.
2. La purificación de la energía material.

La purificación de la energía inmaterial abarca todos aquellos aspectos de la vida que no pueden ser observables a través del sentido de la visión, aunque sus consecuencias se observen en el plano material.

Por ejemplo, una persona se encuentra invadida por energía negativa, vibra en una baja frecuencia: esto es lo que no vemos. ¿Qué es lo que sí vemos? Las consecuencias, que son, por ejemplo, enfermedades corporales, arranques de ira, depresión, torpeza, angustia, irritabilidad, brusquedad en las acciones o palabras, infortunios, fracasos, etc.

Cuando trabajemos en la limpieza energética ateniéndonos al punto 1, nos estaremos concentrando no en las consecuencias visibles sino en las causas invisibles, aunque no podamos descifrar sus orígenes.

¿Qué significa esto? Que si bien es muy difícil que podamos reconocer cuáles son las causas que producen los diferentes síntomas y consecuencias negativas, podemos trabajar igualmente sobre ellas porque, como hemos explicado, toda negatividad puede ser transmutada hacia lo positivo.

AUNQUE NO SEPAMOS CUÁLES SON LAS CAUSAS, LO QUE SÍ SABEMOS ES QUE TRABAJANDO EN LA TRANSMUTACIÓN DE LA ENERGÍA, LOS SÍNTOMAS Y CONSECUENCIAS IRÁN DISOLVIÉNDOSE.

Sin embargo, si logramos identificar las causas nuestro trabajo resultará más fácil de realizar. Por ejemplo: existen personas que pueden ver seres desencarnados, popularmente conocidos como "fantasmas". Estas personas pueden darse cuenta de si ellos son la causa de la energía negativa en el hogar. En este sentido, saber que por lo menos una de las causas de la baja vibración energética tiene que ver con un ser desencarnado que ha quedado atrapado en el hogar facilita la tarea porque, entonces, podemos realizar un trabajo específico para ayudar a ese ser a continuar su camino de elevación.

Ahora bien, es cierto que pocas son las personas que poseen ese don. Sin embargo, siempre que sospechemos que en nuestro hogar pueda estar ocurriendo algo semejante, no dudemos en realizar el trabajo a través de las oraciones que se ofrecen en este libro para estos casos. También tengamos en cuenta la realización de la limpieza energética para los seres desencarnados si nos enteramos de que en nuestra casa, años antes, falleció alguna persona; o bien cuando nos mudamos a una casa nueva y desconocemos su "historia".

La expulsión del hogar de los seres desencarnados debe hacerse siempre con mucho amor y compasión, pero también con firmeza. Se les debe pedir y hasta ordenar que se retiren del hogar y continúen con su camino de elevación. Jamás se les insultará, y mucho menos aún se les mostrará temor.

Otra de las formas en que las causas de la energía negativa del hogar (y también en la propia persona) puede llegar a reconocerse, es teniendo en cuenta las consecuencias de la negatividad en las personas que nos rodean. Si asiduamente estamos en contacto con personas malhumoradas, envidiosas, celosas, irritables, vengativas, etc., es seguro que nos transmitirán esa negatividad tanto a nosotros como a nuestro hogar. En estos casos podemos actuar realizando rituales específicos sobre estos temas, ya sean con plantas, inciensos, gemas o velas, cuya descripción encontrarán en este libro.

Hasta aquí, la purificación de la energía inmaterial.

Con respecto a la purificación de la energía material, la misma hace referencia al estado material en que se encuentra nuestro hogar.

La limpieza energética abarca, como primera medida, la limpieza de todo resto de suciedad que exista en nuestra casa. Polvo, restos de comida en descomposición, sábanas o ropa sucias, etc., son índices de que nuestro hogar alberga, en su forma más concreta, a la energía negativa.

¿Sabía que...

...Tiki es el nombre del talismán más venerado por los maoríes de Nueva Zelanda? Aseguran que protege contra las malas influencias de las brujas. Pero para que el talismán actúe con todo su poder, la figura de Tiki –una figura humana que se caracteriza por lo grotesco de su fisonomía y por mantener su cabeza inclinada hacia un lado– debe estar tallada sobre un jade.

¿CÓMO REALIZAR UNA LIMPIEZA ENERGÉTICA?

Según lo que hemos explicado anteriormente, el primer paso para la realización de la limpieza energética será, ni más ni menos, que la limpieza de la suciedad del hogar, que involucra diferentes aspectos, a saber:

- ***Pisos***
- ***Techos***
- ***Rincones***
- ***Interior de muebles y armarios***
- ***Ventanas***
- ***Vestimenta***
- ***Toallas de baño***
- ***Cortinas***
- ***Paredes***
- ***Escaleras***
- ***Umbrales***
- ***Muebles (en su interior y exterior)***
- ***Artículos eléctricos***
- ***Ropa de cama***
- ***Paños de cocina***
- ***Vajilla, etc.***

¿SABÍA QUE...

...existe un talismán muy poderoso utilizado por el pueblo chino que consiste en dos barras de hierro, una más corta que la otra, que se disponen cruzadas formando una espada? Sobre la espada se aplican monedas de ese país, a las que se les perfora su centro y se les sujeta con hilo de seda rojo. También, con ese tipo de hilo, se sujeta el talismán sobre la alcoba del jefe del hogar. De esta manera, el hogar se protege de las energías negativas o maldiciones.

La limpieza de cada una de las partes mencionadas debe ser exhaustiva, sin llegar a la obsesividad. Lejía, detergente y algún producto desengrasante que provea al hogar de un aroma agradable serán suficientes para la limpieza. Jabón en polvo y jabón neutro harán lo suyo con la vestimenta, el blanco y la mantelería. Si desean incorporar otros productos como limpiavidrios, limpiamuebles y polvos o cremas para tallar las superficies percudidas, siempre serán bienvenidos.

***UNA** opción para aromatizar armarios que contengan vestimenta y mantelería es la realización de bolsitas con potpurrí perfumado. Incluyan dentro de una media de nylon en desuso un conjunto de plantas aromáticas desecadas y perfúmenlas con algún aceite esencial a elección. Coloquen la bolsita entre prendas, y fabriquen una nueva en reemplazo de la anterior cuando deje de desprender aroma.*

Una vez que el hogar se encuentra limpio de suciedad, les tocará el turno a ustedes. Dense un baño purificante tallando bien la piel con jabón blanco bajo el chorro de agua tibia. En este libro encontrarán algunos rituales para la purificación personal con los que podrán contar para disolver las propias energías negativas. Al terminar, vístanse con ropa holgada y limpia.

PUEDEN acudir a inciensos, velas y gemas para potenciar la purificación del baño. En los capítulos correspondientes a cada tema encontrarán diferentes tablas orientativas sobre las velas, gemas, plantas e inciensos con los que pueden contar en cada caso.

Ya limpio de suciedad el hogar y ustedes mismos, comienza entonces la tarea de la limpieza energética del plano inmaterial.

Para realizar el procedimiento, cumplan con los siguientes pasos:

1 • Compren incienso preparado para ser ahumado. Lo pueden adquirir en cualquier tienda de artículos religiosos.

2 • Adquieran un incensario. De no ser posible, utilicen una vasija honda resistente al calor y colóquenla sobre un plato de mesa para que en su manipulación no se quemen las manos.

3 • Adquieran carboncitos que ya vienen preparados para ser encendidos fácilmente. Pueden comprarlos en cualquier tienda de artículos religiosos. Se utilizarán para realizar el ahumado del hogar.

4 • Coloquen dos carboncitos en el incensario.

5 • Enciendan los carboncitos por medio de un cerillo. Tengan en cuenta que los carboncitos desprenden gran cantidad de humo al ser encendidos, por lo que les recomendamos que realicen este procedimiento al aire libre, sea en el jardín, patio o exterior de la ventana del hogar.

6 • Añadan un puñado de incienso sobre los carboncitos.

7 • Cuando el incienso comience a desprender su aroma, recorran la totalidad del hogar ahumándolo.

8 • La recorrida por el hogar se realiza de la siguiente manera:

• Colóquense a un lado de la puerta de entrada al hogar con el incensario en sus manos. Tomemos como ejemplo que se ubicaron sobre el lado izquierdo.

• Comiencen recorriendo la pared izquierda hasta llegar a una nueva abertura (otra habitación, el baño, la cocina, etc.).

• Penetren en el ambiente y recorran toda la habitación comenzando por su pared izquierda. Luego, y siempre que no haya una nueva abertura, continúen recorriendo la habitación ahumándola hasta llegar nuevamente a la abertura.

• Una vez allí, continúen recorriendo las paredes en su lado izquierdo hasta llegar a una nueva abertura. Allí repitan el procedimiento descrito.

• Deberán entrar y salir de las diferentes habitaciones y salas del hogar practicando un círculo que se cerrará en el momento en que lleguen a la puerta de entrada del hogar por su lado derecho (recuerden que habían comenzado por el izquierdo).

• Una vez frente a la puerta, ábranla y depositen el incensario sobre el lado externo de la misma.

• Si poseen jardín, patio o salida al exterior, recorran el ambiente formando también un círculo hasta llegar nuevamente a la puerta de entrada. Dejen allí el incensario hasta que el incienso se consuma por completo y los carboncitos se apaguen por sí mismos.

ES necesario que vayan añadiendo más incienso a medida que se consume. Tengan, entonces, la bolsita a mano mientras realicen el ritual de limpieza energética.

SI los carboncitos comienzan a apagarse antes de terminar con el trabajo, para no interrumpir el mismo ubiquen el incensario en el piso y busquen nuevos carboncitos. En este caso, no les quedará más remedio que encenderlos en el lugar (a pesar del humo) y echar un nuevo puñado de incienso sobre ellos. Continúen el trabajo en el lugar en el que quedaron.

• Si no poseen salida al exterior que puedan utilizar, abran la puerta y coloquen el incensario sobre el lado externo. Dejen que el humo siga emanando durante algunos segundos. Mientras tanto, busquen un vaso con agua limpia. Apaguen los carboncitos y el incienso con un poco del agua. Coloquen el residuo en una bolsita de plástico (siempre manipulando los objetos fuera del ámbito interno del hogar), háganle un nudo y depositenlo a los pies de un árbol lo más alejado posible del hogar (como mínimo, cien metros). Esto evitará que las energías negativas que quedaron en el residuo vuelvan a penetran en el hogar.

9 • Mientras realizan este procedimiento, recen alguna de las oraciones o decretos que se ofrecen a continuación, o cualquier oración que acostumbren rezar.

10 • Si lo desean, pueden terminar el trabajo de limpieza vertiendo agua bendita sobre paredes, pisos, techos y objetos mientras continúan recitando las oraciones o decretos elegidos.

UNA técnica de protección del hogar que data de tiempos ancestrales consiste en colocar una tira de ajos encima de la puerta de entrada. La tira de ajos atenuará la posibilidad de penetración de la energía negativa en el hogar, sobre todo la que tiene que ver con maleficios o pensamientos relacionados con la envidia y el resentimiento.

ORACIONES Y DECRETOS

Los siguientes son una serie de oraciones y decretos a los que pueden recurrir durante la realización de la limpieza del hogar. No es necesario rezarlos en voz alta; pueden hacerlo mentalmente a medida que ahúman el hogar o que realizan los rituales elegidos para cada caso en particular.

Las oraciones y los decretos que les ofrecemos son sólo una guía con la que pueden contar. Ustedes pueden recurrir a cualquier oración o decreto que conozcan y en el que confíen. Algunas personas que se dedican a la limpieza de los hogares de energía negativa recitan siempre las mismas oraciones, como el Padre Nuestro, El Credo, o cualquier oración que invoque la presencia de santos y apóstoles, o de algún representante de su credo particular.

Si bien las palabras que se pronuncian en la oración son importantes, mucho más lo es la intención, el deseo y la convicción puestos en ella. Si una persona recita el Padre Nuestro de manera mecánica y desconcentrada, aunque esté pronunciando palabras poderosas no obtendrá la eficacia deseada.

Si en el momento de la realización de la limpieza no pueden concentrarse en la oración elegida, les recomendamos rezar palabras o frases cortas, repetidas continuamente, como por ejemplo: “Paz, amor y protección”, “Todo lo negativo se transmuta en positivo”, “Dios es mi pastor, nada malo puede sucederme”, “Mi hogar está bendito”, “En mi hogar todo es amor”, “La sabiduría infinita me protege y protege mi hogar”, etc.

ORACIÓN A SAN EXPEDITO

Tener presente la oración a San Expedito, el santo que se ocupa de los asuntos urgentes y que precisan una solución inmediata, es fundamental para aquellos casos en que se necesite actuar rápidamente en la limpieza de energía negativa del hogar, así como en cualquier situación que nos provoque angustia, preocupación, nerviosismo, y que nos resulta imposible controlar.

Mi Santo Expedito de las Causas Justas y Urgentes. Socórreme en esta hora de aflicción y desespero, intercede por mí, junto a Nuestro Señor Jesucristo. Vos que sois un Santo Guerrero, Vos que sois el Santo de los Afligidos, Vos que sois el Santo de los Desesperados, Vos que sois el Santo de las Cosas Urgentes. Protégeme, ayúdame, dame fuerza, coraje y serenidad.
Atiéndeme mi pedido (*se realiza en este momento el pedido*). Ayúdame a superar estas horas difíciles, protégeme de todos los que puedan perjudicarme. Protege a mi familia, atiende mi pedido con urgencia. Devuélveme la paz y tranquilidad. Seré agradecido el resto de mi vida y llevaré tu nombre a todos los que tienen fe.
Gracias, San Expedito.

Esta oración puede terminarse rezando un Padre Nuestro y un Ave María, para quienes lo consideren necesario.

PARA AHUYENTAR A TODO SER INMATERIAL QUE PERTURBE EL HOGAR

(Oración metafísica de la Hermandad Saint Germain)

En el nombre de la Amada Presencia de Dios "YO SOY" en mí, invoco a esta presencia y te digo que te amo, te amo, te amo, te amo, y ahora en amor REGRESA AL PADRE y ocúpate de Sus asuntos como me ocupo yo aquí en la Tierra. *¡Así sea!*

¿Sabía que...

...los caldeos utilizaban una oración para expulsar a Utukku, demonio con multiplicidad de formas, y al Namtaru, demonio de la peste? La oración, grabada en las dos caras de un amuleto, decía lo siguiente:
Que el malvado Utukku, el malvado Namtaru, huyan de su cuerpo, en nombre de la Tierra.
Que el benéfico Shedu, el buen Lamazzu, el benéfico Utukku, se queden a su lado, en nombre de la Tierra.

PARA LIBERARNOS DE LA PROPIA NEGATIVIDAD ENQUISTADA POR NUESTRAS ACCIONES Y PENSAMIENTOS

(Oración metafísica de la Hermandad Saint Germain)

Yo Soy la victoriosa presencia de Dios
que me mantiene envuelto en mi pilar de Fuego
Violeta, encendido en todo mi ser y mi mundo,
transmutando todas mis creaciones humanas,
toda energía mal usada por mí contra
todos los elementos, los animales, las criaturas,
toda vida, todo hombre, mujer y niño.
Toda causa y núcleo de pensamiento negativo,
destructivo, impuro; todo diseño, patrón
o hábito de odio, celos, mala voluntad
o desagrado, maledicencia, mentiras,
venganza, ira. Que sean transmutadas,
que sean transmutadas, que sean transmutadas,
y todo efecto, récord y memoria antes
que puedan actuar, manifestar o mantenerse
hasta que me halle en estado de perfecta pureza.

SALUTACIÓN MARIANA COMANDADA POR EL ARCÁNGEL GABRIEL

Gabriel al suelo la rodilla inclina:
Sálvete Dios, le dice, virgen bella,
Sálvete Dios, aurora matutina,
Sálvete Dios, resplandeciente estrella,
Sálvete Dios, Jerusalén divina,
Sálvete Dios, fructífera doncella,
Sálvete Dios, ciudad fortalecida,
Sálvete Dios, morada de la vida,
Sálvete Dios, favor de aprisionados,
Sálvete Dios, consuelo de afligidos,
Sálvete Dios, ciudad de desterrados,
Sálvete Dios, ganancia de perdidos,
Sálvete Dios, amparo de olvidados,
Sálvete Dios, salud de perseguidos,
Sálvete Dios, de tristes alegrías,
Sálvete Dios, purísima María.

PARA BENDECIR EL HOGAR

DIOS VIVE EN MÍ PARA BENDECIR MI HOGAR CON PAZ,
PACIENCIA Y AMOR; EN CADA SITIO PRESENTE ÉL ESTÁ.
Y SU AMOR BORRA LA SOMBRA Y EL TEMOR.
BENDICE LAS PAREDES DE MI HOGAR, Y BENDICE
TAMBIÉN LOS PISOS, LAS SALAS, LOS PASILLOS Y TECHOS.
TENGO LA ABSOLUTA CERTEZA DE QUE DIOS
BENDICE MI HOGAR EN ESTE MOMENTO.

¿SABÍA QUE...

...para el pueblo gitano el saúco posee un don especial? Los gitanos aseguran que mientras se posea un saúco en el hogar, las maldiciones de las brujas y de los espíritus negativos no podrán entrar en el hogar ni dañar a las personas que vivan allí.

PARA AHUYENTAR LOS MALOS ESPÍRITUS

YO TE ARROJO ESPÍRITU MALIGNO, Y TE ORDENO,
POR EL DIOS VERDADERO, POR EL DIOS VIVO,
POR EL DIOS SANTO, QUE SALGAS Y TE ALEJES
DE ESTE SITIO PARA NO VOLVER JAMÁS, Y TE LO ORDENO
EN EL NOMBRE DEL QUE TE VENCIÓ Y QUE TRIUNFÓ DE TI
EN EL CALVARIO Y ANULÓ TU PODER PARA SIEMPRE.
TE ORDENO QUE NO ASUSTES NUNCA MÁS
A LOS QUE HABITAN EN ESTA MORADA EN NOMBRE

de Dios Padre, Hijo y del Espíritu Santo, que vive y reina en todos los siglos de los siglos.
Así sea.
Nosotros os suplicamos, Señor, visitéis esta morada y arrojéis lejos toda insidia del enemigo; que vuestros Santos Ángeles habiten en ella protegiéndonos y conservándonos la paz, que vuestra bendición sea siempre con nosotros.
Así sea, Amén.

Para pedir la intercesión y protección de Buda

Oh, poderoso y grandioso Buda, llegas ahora a mí, por obra del poder inmenso para mejorar del todo mi suerte, pues sé que me ayudarás en todo lo que te pida y velarás por mí en el nombre de Dios por su infinita bondad y misericordia. Sugiere a mi imaginación las revelaciones que debo poner en práctica para superar los obstáculos. Gran Buda, Espíritu elevado y puro, envía tu luz del espacio donde tienes tu morada, danos lo que te pedimos (*se realiza aquí el pedido de protección o el que se considere necesario*) y alumbra nuestro camino.

PARA PEDIR LA PROTECCIÓN DE SAN CIPRIANO

En el nombre de Dios, yo invoco a San Cipriano,
rezo y cargo con mi devoción.
Libérame de todo peligro y daño del prójimo.
Libérame del mal, y de todo animal
rabioso y venenoso.
Líbrame de maleficios y hechizos malignos.
Dirígeme con toda seguridad y felicidad
en mis viajes.
Aclárame el camino, alejándome de todos
los peligros y daños que me puedan rodear.
Te ruego, Santo mío, intercesión gloriosa
para Dios. Amén.

DECRETOS METAFÍSICOS

Los que siguen son una serie de decretos metafísicos que pueden utilizarse en todo momento y en cualquier situación, emanados de la Hermandad de Saint Germain, y que sirven, a la vez, de base y sostén para el trabajo de limpieza de energía negativa. Pueden memorizar alguno de ellos y rezarlo a medida que realizan los respectivos rituales, o conjugar dos o más que abarquen el espectro de sus necesidades.

1 • Yo Soy la victoriosa presencia de Dios todopoderoso, que ahora me reviste de su luz brillantísima, la cual me hace y me conserva invisible e invencible ante cualquier presencia negativa encarnada o desencarnada para siempre. Señor mío y Dios mío. Paz.

2 • Hoy, quito al temor todo el poder que, en otro tiempo, le di. No lo acepto más. Yo realizo la confianza en mí mismo y en la vida, en lo bello y perfecto espero lo mejor.

3 • En el día de hoy, te saludo, te reconozco y te bendigo, Magna y Poderosa Presencia de Dios Yo Soy, y Cristo Radiante. Te invoco a la acción. Te entrego el mando de este día para que todo en él sea armonioso, perfecto.

4 • Practico el orden divino y lo demando para toda condición inarmoniosa que yo contacte. No voy a fijar la atención en nada negativo o imperfecto. Lo transmuto en la condición opuesta de bien y perfección, por medio de la llama violeta. Declaro al instante: *¡Aquí hay Orden Divino! ¡Yo Soy el Orden Divino manifestado en esta situación con equilibrio y paz!*

5 • Yo Soy la liberación de la llama violeta en acción, consumiendo todo lo que no sea el bien y la perfección.

6 • En nombre de la Presencia Yo Soy, invoco el poder de la luz, la cual visualizo a mi alrededor. Me envuelvo en esta radiación que califico como el Manto Electrónico de la Divina Presencia que me protege, me aísla, de lo que sea menor que la Perfección.

CAPÍTULO 3

Sepa cómo limpiar su casa... con inciensos y plantas

EL MUNDO DE LOS AROMAS BENÉFICOS

Desde los tiempos más remotos, los hombres han recurrido a las propiedades de los inciensos, de las plantas y de sus aromas como método de purificación personal y ambiental.

En la actualidad, existe una gran cantidad de inciensos comerciales que abarcan casi la totalidad del espectro aromático; sin embargo, pueden utilizar las hojas secas de las plantas que mencionamos en este capítulo y preparar sus propios inciensos. Para ello, deberán contar con carboncitos que pueden adquirir en tiendas de artículos religiosos o casas del ramo, los que vienen especialmente preparados para ahumar el hogar. También en las tiendas de artículos religiosos pueden adquirir una gran cantidad de productos secos, molidos o en granos para echar directamente sobre los carboncitos y ahumar los ambientes. Incienso, sándalo, mirra, cedro, enhebro y manzanilla son los más destacados y elegidos para este fin. Pero además, existen mezclas ya preparadas para la realización de trabajos específicos. En este sentido, resulta interesante consultar al vendedor sobre cuál es la mezcla que les recomienda utilizar para los diferentes trabajos que deseen realizar. Si prefieren adquirir inciensos comerciales, tengan en cuenta que los mismos presentan la forma de varilla o de cono, sirviendo ambos con idéntico fin.

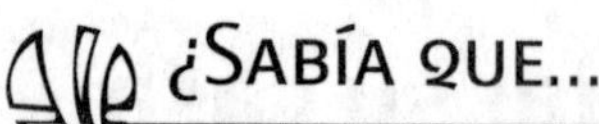

¿Sabía que...

...uno de los amuletos más utilizados en la Edad Media era la ruda? Se llevaban ramitos u hojas de ruda entre las vestimentas, a fin de evitar los peligros de la brujería.

RITUALES Y TÉCNICAS

PARA TRANSMUTAR LA ENERGÍA NEGATIVA PERSONAL

Hojas secas de tomillo
1 carboncito
1/2 taza de jugo de limón
1 taza de miel
1 taza de sal

1 • Encender el carboncito en una vasija de cerámica o incensario y esparcir las hojas secas de tomillo desmenuzadas sobre él.

2 • Ahumar el baño, lugar en el que se realizará el ritual. Luego, dejar que se consuma ubicando la vasija en lugar seguro.

3 • Verter sobre la cabeza el limón y masajear suavemente pero permitiendo que el jugo penetre bien en el cuero cabelludo. Colocar una gorra de baño y dejar actuar.

4 • Abrir la regadera y dejar que el agua se entibie.

5 • Bañarse rápidamente pero sin utilizar jabón, cuidando de que la totalidad del cuerpo (excepto la cabeza) quede bien mojada.

6 • Cerrar la regadera e impregnar la piel (excepto las partes sensibles del rostro y los genitales) con la sal.

7 • Dejar actuar durante diez minutos y luego enjuagar con agua tibia.

8 • Untar la palma de la mano con la miel y esparcirla por la totalidad del cuerpo (excepto el rostro), cubriendo bien los pliegues de codos, rodillas, ingle y entre los dedos de las manos y los pies. Dejar actuar durante diez minutos.

9 • Enjuagar bien el cuerpo hasta retirar la totalidad de la miel, con agua tibia.

10 • Quitarse la gorra de baño y bañarse como de costumbre.

11 • Secarse con golpecitos de toalla.

12 • Vestirse con ropa cómoda y holgada.

Repetir este procedimiento una vez al mes durante seis meses continuos.

PARA DISOLVER LA ENERGÍA NEGATIVA QUE PROVIENE DEL EXTERIOR

1 *incienso de sándalo*
1 *carbón vegetal partido en tres trozos*
3 *cucharadas de sal marina*
1 *plato blanco*

1 • Colocar los tres trozos de carbón en el plato y añadirle las tres cucharadas de sal marina.

2 • Encender el incienso y colocarlo en la mesa de luz o cabecera de la cama hasta que se consuma por completo.

3 • Colocar el plato con carbón y sal debajo de la cama, a la altura de la cabecera. El plato deberá permanecer allí, actuando, durante siete días corridos.

4 • Al séptimo día, retirar el plato (sin tocar el carbón ni la sal), y echar el contenido dentro de un sobre de papel.

5 • Antes del mediodía del séptimo día, echar el contenido del sobre en un río (lago o arroyo) o en el mar. Quemar el sobre de papel en el momento y esparcir, también, las cenizas en el agua.

6 • En el momento en que se tira la sal y el carbón se recita una oración a Oshum, la diosa de los ríos en la religión africana, o a Iemanja, la diosa de los mares en la misma religión, si el preparado se tira al mar.

Oración a Oshum

Reina y Madre de todos los poderes terrenales y espirituales, ante ti comparezco, fiel y devoto, para que me acompañes y me concedas el estar libre de todas las cosas malas, de accidentes y dolores y para que me concedas en especial este favor que hoy vengo a pedirte y continuaré pidiéndote durante los próximos días. Ponme a salvo mi querida Madre porque yo te amo. Concédemelo para tu Santa Gloria. Amén. (*Rezar durante ocho días.*)

Oración a Iemanja

Vos que gobernáis las aguas derramando sobre la humanidad su protección, realizando, oh Divina Madre, una descarga en sus cuerpos y en sus mentes, limpiando las aguas e infundiendo en sus corazones el respeto y la veneración debidas a esa fuerza de la naturaleza que simbolizas, permite que nuestras falanges nos protejan y amparen. Te suplicamos, Iemanja, poderosísima, Reina de los Mares, este ruego a conseguir (*se realiza aquí el pedido especial*).
Con todo amor y justicia dame la fuerza necesaria para todo soportar. En un mar de naturaleza y armonía quiero vivir.
Protege a mis seres queridos de todos los males y peligros. Salve, Iemanja, Reina del Mar.

7 • Al regresar, se repite el procedimiento colocando nuevos trozos de carbón y sal en el plato, ubicándolo debajo de la cama. No olvidar encender un nuevo incienso de sándalo.

Este ritual se repite tres veces consecutivas, es decir, durará 21 días en total.

PARA COMPROBAR Y CONTRARRESTAR LA ENERGÍA NEGATIVA EN EL HOGAR

Una forma rápida de comprobar el caudal de la energía negativa del hogar consiste en colocar una vasija con sal marina y vinagre blanco debajo de la cama, preferentemente en el centro de la misma, durante la noche.

Si a la mañana siguiente la sal está oscura, significa que el hogar y las personas que lo integran necesitan una limpieza en forma inmediata.

> ***LOS** miembros de la familia que sean más renuentes a realizar rituales o técnicas de purificación pueden optar por la realización de un baño de inmersión con plantas aromáticas. Para ello, durante tres viernes seguidos, antes de la hora del descanso nocturno, se prepara un baño con hojas de albahaca, romero y laurel envueltas en una media de nylon en desuso. Otra opción es realizar una infusión con las plantas mencionadas y añadirla al agua del baño.*

PARA LA TRANSMUTACIÓN ENERGÉTICA PERSONAL

1 litro de jabón líquido neutro
1 cucharadita de cada una de estas hierbas, picadas: romero, tomillo, ruda, sándalo, menta
1 cucharadita de aceite de ricino
7 gramos de sal marina

1 • Incorporar las hierbas, el aceite y la sal al jabón líquido.

2 • Tapar el recipiente y agitar bien los ingredientes.

3 • Dejar reposar el preparado durante 7 días en lugar oscuro y fresco.

4 • Al séptimo día, filtrar el preparado para obtener sólo el jabón líquido.

5 • Durante tres semanas, los días martes y viernes bañarse utilizando el jabón preparado.

¿Sabía que...

...en la India, uno de los amuletos preferidos es el llamado "ojo de gallo"? Consiste en un amuleto con forma de ojo de gallo que se lleva colgado al cuello y, según aseguran, protege contra todo tipo de mal y advierte sobre los peligros inminentes.

PARA CONTRARRESTAR LA ENERGÍA NEGATIVA EN FORMA INMEDIATA

Este ritual, práctico y sencillo, se utiliza generalmente cuando ha permanecido en nuestro hogar una o varias personas que no han sido de nuestro agrado, o cuyas energías negativas han quedado impregnadas.

1 ***cucharadita de hojas secas de romero***
1 ***cucharadita de hojas secas de ruda***
1 ***carboncito***
1 ***plato***

1 • Colocar el carboncito en el plato y encenderlo.

2 • Echar las hojas secas de romero y ruda sobre el carbón.

3 • Ahumar la totalidad del hogar, haciendo hincapié en los lugares en los que han permanecido las personas indicadas.

4 • Mientras se realiza el ahumado, se recita la siguiente frase, repitiéndola siete veces por cada ambiente que se ahúma:

RUDA Y ROMERO, QUITA LO MALO
Y TRAE LO BUENO.

PARA BLOQUEAR LA ENTRADA DE ENERGÍA NEGATIVA

Las plantas naturales son ideales para generar una barrera defensiva frente a la energía negativa. Una técnica muy sencilla consiste en ubicar, a la entrada del hogar, diversos maceteros con plantas para exterior. Pueden elegir las que más les gusten de acuerdo con la guía que les ofrecemos a partir de la página siguiente.

SI no pudieran colocar maceteros en la entrada de la casa, ubiquen macetas sobre las ventanas del hogar que contengan hierbas aromáticas como perejil, romero, tomillo y salvia, que también actúan como herramienta de defensa.

OTRA OPCIÓN PARA IMPEDIR QUE LA ENERGÍA NEGATIVA INGRESE AL HOGAR

Consiste en colocar, en la puerta de entrada al hogar, una ramita de espino. Pero es importante saber que el espino no debe ser ingresado al hogar porque, según cuentan las leyendas, traerá desgracias e infortunios.

GUÍA DE PLANTAS E INCIENSOS

Las plantas que se ofrecen a continuación son las más utilizadas tanto para limpiar de energía negativa el hogar como la propia persona y los objetos que forman parte de la vida cotidiana. En los casos en que no se indique la forma de utilización, ustedes podrán optar por utilizar la protección de la planta fresca, en maceta; de sus hojas o frutos secos, para ahumar; o en infusión, para incorporar al agua del baño.

¿Sabía que...

...en la religión africana todo ritual o ceremonia comienza siempre con el ahumado del ambiente con incienso? El incienso abre las puertas hacia los diferentes planos de existencia, por lo que resulta fundamental para lograr contactarse con los espíritus africanos ancestrales que precisan llegar a la Tierra para ejercer las misiones encomendadas por los seres superiores.

Planta aromática o incienso	Descripción
Agrimonia	Es una planta ideal para impedir que la energía negativa entre en nuestro hogar o en nuestra persona, debido a que posee la propiedad de devolver la energía a quien la envió.
Ajo	Protege contra seres espectrales. La mitología da cuenta de que es sumamente eficaz contra los vampiros. Repele con eficacia toda manifestación negativa de la energía.

Planta aromática o incienso	Descripción
Aloe vera	Es una planta con gran poder de protección. Además, incrementa la prosperidad económica y afectiva en el hogar.
Angélica	Excelente para la protección del hogar, de los miembros de la familia y, en especial, de los niños.
Anís	Protege el hogar tanto en su estado natural como si sus hojas secas se utilizan como incienso. Es ideal contar con el anís para la realización de los trabajos de disolución de energía negativa, por lo que pueden tener una planta siempre a mano, o incorporar cerca de los trabajos sus ramitas.
Artemisa	Brinda protección del hogar así como aumento de las energías psíquicas de quien se encuentra dispuesto a realizar trabajos energéticos.
Bardana	Poderoso transmutador de energía negativa, tanto a nivel personal como del hogar en general. Los inciensos de bardana pueden anexarse en cualquier ritual energético para aumentar el poder del mismo.
Cardo	Actúa como una barrera protectora frente a cualquier tipo de estado de energía negativo, tanto físico como psíquico.
Clavo	Es eficaz para disolver las energías negativas que proceden de otras personas o de ambientes enrarecidos.

Planta aromática o incienso	**Descripción**
Eneldo	Poderoso protector del hogar. Lo ideal es atar unas ramitas en la parte interna de la puerta de entrada al hogar. De esta manera, cualquier tipo de negatividad que logre penetrar en el mismo será tamizada por el eneldo. Por lo mismo, es necesario que, una vez a la semana como mínimo, se sustituyan las ramitas por unas nuevas.
Espino	Actúa como barrera externa de protección para impedir el ingreso de energía negativa al hogar.
Espliego	Además de brindar protección en el hogar, posee la propiedad de atenuar los conflictos entre los miembros de la familia, ayudando a que las relaciones sean más armónicas y placenteras.
Gordolobo	Purifica los ambientes negativos y previene contra el insomnio y las diferentes alteraciones del sueño. Es ideal colocar una ramita de gordolobo bajo la almohada en el momento de dormir.
Hinojo	Es ideal para ubicar en la puerta de entrada del hogar, así como para colgarlo de las ventanas de la misma. Protege el hogar impidiendo la entrada de energía negativa, y actúa, a la vez, como barrera psíquica de personas que se acercan al hogar con dudosas intenciones.
Hisopo	Asegurador de la energía positiva del hogar y personal. Como incienso, se lo utiliza en el inicio de los rituales energéticos para distender el ambiente y fortalecer el estado psíquico de quien lo conduce.

Planta aromática o incienso	**Descripción**
Lúpulo	Se puede utilizar la planta, en maceta, o ahumar el ambiente en el momento en que se realiza una reunión social en el hogar. Fuerte protector y transmutador de energía negativa en todos sus aspectos.
Manzanilla	Ideal para ubicar en el exterior del hogar ya que actúa como barrera de protección frente a personas con energía densa.
Menta	Posee propiedades protectoras tanto de los ambientes como de las personas. También posee propiedades curativas, por lo que utilizar sus hojas secas o inciensos comerciales asiduamente proporciona enormes beneficios.
Mirra	Ideal para ahumar el ambiente en el que se va a realizar el ritual energético. También para mantener un incienso encendido en el momento de tomar un baño, a fin de acrecentar el poder purificador del mismo.
Perejil	Excelente protectora contra las energías negativas. Puede utilizarse tanto como planta natural o incienso.

Planta aromática o incienso	Descripción
Rosa	Además de atraer el amor, actúa eficazmente como atenuante de los estados negativos. Tiene la capacidad de transmutar los estados de energía negativa en su opuesto.
Romero	Actúa tanto como defensa energética en el hogar como a modo personal. Es ideal para colgar en los diferentes ambientes de la casa.
Ruda	Protege contra la energía negativa y actúa como un boomerang, devolviendo la negatividad a quien la envió. Tanto en su forma natural como utilizada en inciensos, disuelve eficazmente todo residuo negativo.
Salvia	Protege contra la energía negativa y asegura el mantenimiento de la energía positiva en el hogar y en los miembros de la familia. Ayuda a incrementar el campo energético positivo en los momentos de meditación y relajación.
Sándalo	Uno de los mayores protectores con los que se puede contar. La quema de sándalo actúa rápida y eficazmente contra la energía negativa acumulada, a la vez que brinda protección para evitar el ingreso de la negatividad al hogar.

Planta aromática o incienso	**Descripción**
Saúco	Actúa como protector personal impidiendo que la energía negativa de las demás personas puedan llegar a perturbarnos. También actúa como barrera defensiva evitando que otras personas puedan llegar a influir en nosotros para conseguir sus propios objetivos.
Tomillo	Ideal para incorporarlo en forma de incienso en los rituales energéticos. Actúa contra los estados de angustia y depresión transmutándolos en alegría y bienestar.
Valeriana	Además de actuar contra los estados de insomnio y alteraciones del sueño, es ideal para propiciar un ambiente armónico y relaciones familiares en las que los vínculos se estrechen bajo un manto de comprensión y buena disposición.
Verbena	Es ideal para lograr cortes rápidos de la energía negativa que se encuentra acumulada en el hogar, o de la presencia abrupta de la misma (que traen las personas u objetos que ingresan al hogar).

CAPÍTULO 4

Sepa cómo limpiar su casa... con velas

LAS VELAS: UNA HERRAMIENTA IMPRESCINDIBLE

Hay quienes dicen que con sólo una vela blanca se puede conmocionar el universo entero, y los que trabajan con la energía no pueden dejar de asentir frente a esta afirmación. El poder de las velas es tal, que si no tuviesen otra herramienta a su alcance, sólo con el acto de encender una vela y realizar un pedido, podrían lograr que la energía del universo se ponga a su disposición.

Pero también es cierto que la frecuencia energética que se necesita poseer para lograr esto es la de suma elevación. Los grandes maestros de todas las religiones no necesitan contar con herramientas externas para provocar transformaciones en su mundo interno y externo. Tienen, en sí mismos, el elevado poder del pensamiento que, exactamente dirigido hacia el objetivo propuesto, lo consigue.

Si bien todas las personas poseemos la capacidad para lograr llegar a un estado de máxima elevación energética, la mayoría necesitamos apoyarnos en una serie de instrumentos externos que nos facilitan el trabajo. Entre ellos, las velas ocupan un lugar destacado, ya que la energía que irradian es purísima.

En cuanto a las velas en general, existen de diferentes clases, formas, tamaños y colores y, entre ellas, las que más se utilizan para la realización de trabajos energéticos y rituales en general son las que se encuentran constituidas por una mezcla de parafina y de ácido esteárico.

***ESTO** no significa que en el caso de no contar con este tipo de velas no puedan realizar los trabajos propuestos. Cualquier vela de cera que tengan en su hogar para casos de emergencia en cortes de luz sirve igualmente para el fin propuesto, si bien las indicadas son de más fácil manipulación y quemado.*

Con respecto al tamaño y forma de las velas, las más usuales son las que poseen la forma de un cilindro alargado. Hay cilindros más largos y más cortos. En general se utilizan los más largos, pero los más cortos son ideales para realizar trabajos rápidos o en aquellos casos en que necesitamos que la vela se consuma antes de irnos a dormir o salir del hogar.

También podemos utilizar cirios, que son cilindros más gruesos y que tardan varios días en quemarse. En general, se utilizan para rituales que demandan varios días de procedimiento, y se apagan y se vuelven a encender de acuerdo con cada necesidad en particular. Los cirios que se adquieren en los comercios generalmente se encuentran asociados a determinados santos o poderes, como San Jorge, San Cipriano, San Antonio, los siete poderes, etc., aunque también pueden conseguirse de un solo color.

Además podemos adquirir velas con formatos definidos, como paloma, manzana, cono, esfera, elefante, sapo, pareja, etc., que podemos utilizar para representar una situación particular o como talismán para ubicar en un rincón del hogar y dejar que fluya la energía protectora y transmutadora mientras arde.

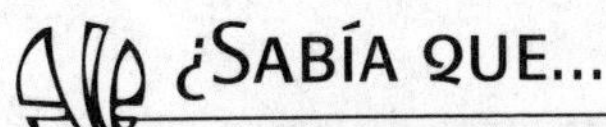

...en China se considera que la protección y el bienestar del hogar se logra a través de un talismán que posea forma de oca?

CÓMO CONSERVAR LAS VELAS EN BUEN ESTADO

Si se sienten a gusto trabajando con velas es conveniente que siempre tengan a mano algunas de diferentes colores. Pero para que su conservación sea la adecuada, deberán tener en cuenta las siguientes pautas:

1 • Conserven las velas en su envoltorio original hasta el momento de la utilización.

2 • En verano o épocas de excesivo calor es conveniente envolver cada una de las velas en un papel fino, puesto sobre el envase original, y disponerlas en el refrigerador. No deben ubicarse en el freezer o congelador.

3 • Al retirar la vela de su envoltorio, observen que el pabilo esté derecho y centrado para que la vela arda adecuadamente. Si no es así, acomódenlo lo mejor que puedan.

4 • Limpien el pabilo con un papel absorbente si se encontrara sucio.

5 • No enciendan las velas en las corrientes de aire. Si fuera imposible evitar esto, giren la vela unos 180 grados cada hora (o de acuerdo con la necesidad específica) a fin de que se queme en forma pareja.

6 • Excepto los cirios o velas con formas particulares de gran consistencia y grosor, la vela común debe dejarse consumir en su totalidad cuando se realizan trabajos energéticos o rituales. Pero si no fuera posible dejarla encendida, apáguenla con un conito de metal y eviten que el pabilo se moje. Vuélvanla a encender con posterioridad para terminar el trabajo.

¿Sabía que...

...en Japón, la palabra "narita", que significa "santuario sagrado", ofrece un beneficio inigualable para los pobladores? Aseguran que grabar la palabra *narita* en un trozo de madera que pueda colgarse al cuello protege contra todo tipo de maleficio.

RITUALES Y TÉCNICAS

PARA DISOLVER LA ENERGÍA NEGATIVA EN EL HOGAR

1 vela roja
1 vela blanca
2 cucharadas de sal gruesa
Cantidad necesaria de agua
10 cm de cinta roja

Colocar en un vaso (que luego se desechará) la sal gruesa.
Verter el agua hasta cubrir la sal.
Rodear el vaso con la cinta roja y asegurar con un moño.
Ubicar el vaso en un estante alejado del contacto con otras personas.
Dejar que el conjuro repose durante un año.
Al terminar el año, desechar el vaso dentro de una bolsa de nylon.
Realizar nuevamente este ritual para disolver la mala suerte en el hogar, cada año.

PARA INVOCAR LA GUÍA DE LA SABIDURÍA DIVINA

Es muy importante tener en cuenta este ritual cuando deseemos trabajar en pos de transmutar las energías negativas. Pedir la ayuda de la sabiduría divina es contar con uno de los mejores aliados para asegurarnos el éxito. Pueden llevar a cabo este ritual cada vez que perciban una gran concentración de energía negativa en el ambiente o en su propia persona. Para la realización de este ritual les ofrecemos el "Himno de Miguel", que es la canción metafísica al Arcángel Miguel realizada por la Gran Hermandad de Saint Germain. Sin embargo, pueden utilizar cualquier canción u oración o palabras que consideren apropiadas para conectarse con la sabiduría divina, de acuerdo con sus propias creencias o religiones.

1 • Darse un baño de inmersión higienizándose con jabón neutro.

2 • Secarse con una toalla blanca impregnada de esencia o perfume de rosas.

3 • Encender una vela blanca en un ambiente silencioso.

4 • Recitar el "Himno de Miguel". A medida que se recita el himno, mantener la energía lo más elevada posible para que los canales de la sabiduría interior fluyan sin dificultad.

Los estudiantes de la Metafísica
hacemos todos esta invocación
mejor cantando
que rezando
para sentir alegre el corazón.

Que nos proteja y mantenga Tu Fuerza
¡Vístenos con tu armadura azul!
para guiarnos
y guardarnos
con tu escudo de brillante luz.

Eres, Miguel, resplandor de este mundo
y el Arcángel de la Liberación.
Te bendecimos
y te seguimos
al recibir toda tu radiación.

Eres el fuego que cubre la tierra
para que llegue a brillar como el sol.
Nos ofrecemos
y queremos
ser canales de vida y amor.

5 • Luego de rezar el himno, mantener el estado de relajación durante cinco minutos como mínimo. Lo ideal es que puedan permanecer en ese estado de armonía y purificación el mayor tiempo posible. Intenten, en ese lapso, sentir cómo la energía positiva de la sabiduría divina los envuelve en la totalidad de su cuerpo, mente y espíritu.

6 • Al terminar, dejen que la vela se consuma en su totalidad.

PARA CONTRARRESTAR LA NEGATIVIDAD PROVENIENTE DE LA ENVIDIA AJENA

1 vela de color verde
Aceite de mirra o de canela

1 • Tomar la vela con la palma de la mano derecha y frotarla contra el entrecejo. Hacer rodar la vela hacia atrás, llegando hasta la coronilla. Retirar la vela.

2 • Untar la vela con el aceite elegido, en su totalidad (excepto el pabilo).

3 • Con un bolígrafo de punta fina en desuso o con un instrumento cortante de punta fina, escribir a lo largo de la vela, en forma concisa, un deseo que deseen conseguir con este ritual. Pueden optar por escribir, por ejemplo, las palabras paz, amor, sabiduría, protección o armonía, como también frases cortas como "fuera envidia", "envidia quebrada", "no te acepto", o cualquier otra que represente sus deseos. Recuerden que, como explicamos anteriormente, es necesario que toda frase o deseo sea expresado de acuerdo con las leyes de la energía positiva debido a que la ley del boomerang hará retornar lo que envíen en la misma frecuencia.

4 • Adherir la vela en el centro de un plato de color blanco y encenderla. Dejar que se consuma en su totalidad.

5 • Mientras la vela se consume, pronunciar la invocación al Príncipe Gabriel que se ofrece a continuación:

Gabriel, Príncipe y Señor de la visión del mundo,
haz que todos los sentidos de mi organismo
sean siempre un espejo de la Ley Universal de Dios.
Intercede, a través de mi Ángel Guardián,
para que mis pedidos se dirijan al cielo,
con la fuerza con que hiciste el anuncio
a Nuestra Señora.

Gabriel, Príncipe Divino, yo te saludo.
Transformador de la naturaleza,
haz que mi cuerpo y espíritu
acumulen la luz de tu sabiduría.
Hazme un ser invisible contra mis enemigos,
violencias y peligros.

Príncipe Gabriel,
haz que tus fuerzas disuelvan los plasmas
negativos de mi cuerpo y de mi familia,
por luces cristalinas.
Transformad todo odio en amor elevado,
haz de mí un intérprete de tus intenciones.
¡Salve, oh amado Príncipe Gabriel!
Amén.

PARA DISOLVER LA ENERGÍA NEGATIVA ENTRE LOS MIEMBROS DEL HOGAR

1 cirio de los siete poderes
1 plato blanco o amarillo
Cinta amarilla finita
Granos de café
Miel

1 • Escribir a lo largo de la vela el nombre completo de todos los integrantes del hogar (incluyendo el de la persona que realiza el ritual). Se comienza a escribir desde la base del cirio hasta llegar a la base del pabilo.

2 • Rodear el cirio con la cinta amarilla. Comenzar por la base y, en forma diagonal, terminar en la base del pabilo. Pueden asegurar el extremo de la cinta adhiriéndola con un poquito de pegamento vinílico.

3 • Adherir el cirio en el centro del plato del color elegido.

4 • Esparcir sobre la base del cirio, y rodeándolo completamente, los granos de café.

5 • Encender el cirio durante tres horas cada día. Lo ideal es hacerlo unas horas antes de irse a dormir, cuando el hogar comienza a estar en calma y sus integrantes, dispuestos para las horas del reposo.

6 • Durante esas horas, escribir en un papel sentimientos positivos hacia cada uno de los integrantes del hogar, incluido quien realiza el ritual. Por ejemplo: si alguno de los miembros se encuentra angustiado, escribir frases que contrarresten la angustia, siempre en forma positiva, como "a partir de este momento, (*poner el nombre completo de la persona aludida*), sentirá que la paz lo inunda, que la armonía llega a su vida, que la angustia que alberga en su interior se disuelve y se transforma en felicidad y alegría".

7 • Terminar siempre escribiendo frases positivas que involucren el hogar familiar, como por ejemplo: "nuestra casa se encuentra colmada de energía positiva, abunda la alegría, la felicidad, la paz y el bienestar".

8. Al terminar de escribir, doblar el papel en cuatro y untarlo, en su totalidad, con miel.

9. Colocar el papel untado sobre el plato, sin tocar los granos de café.

10. A continuación, rezar la siguiente oración:

Padre mío, creador del Universo,
a Ti te invoco, con tu poder y tu fuerza,
para que mores en este hogar
y lo libres de todo mal
y de toda desarmonía.
Suprema inteligencia y sabiduría,
transmuta con este fuego todo enojo,
todo resentimiento, toda adherencia que en
las personas o en los objetos se encuentre fija.
Libéranos y ayúdanos a dejar fluir
la energía con toda la magnificencia
y bondad de tu ser.
Ábrenos las puertas hacia tu Gracia, y renueva
todo espacio físico, psíquico y espiritual.
Haz que cada miembro de esta familia
encauce su ser hacia nuevas manifestaciones
de luz y elevación.
Haz que este hogar vibre en las más altas
esferas de tu creación.
Gracias, Padre mío, por escuchar
y conceder estos deseos.
Amén.

11• Al terminar las tres horas, retirar el papel y quemarlo.

12• Repetir este procedimiento hasta que el cirio se consuma en su totalidad (sin importar la cantidad de días que tarde en consumirse).

PARA ELIMINAR RÁPIDAMENTE LA ENERGÍA NEGATIVA QUE NOS HA DEJADO UNA VISITA

1 vela blanca
1 cono de los 7 poderes (se consigue en tiendas de artículos religiosos)
1 vaso de agua
1 plato blanco

1 • Adherir, en el centro del plato, la vela blanca.

2 • Colocar el cono delante de la vela, a dos centímetros de distancia.

3 • Sobre el lado derecho del plato, colocar el vaso de agua.

4 • Encender con un cerillo, primero la vela y después el cono de los 7 poderes.

5 • Dejar que vela y cono se consuman en su totalidad.

6 • Mientras se consumen, pronunciar la siguiente oración:

Te pido Señor Todopoderoso que quemes la energía negativa que (*decir el nombre de la persona*) ha dejado en mi hogar.
Mi hogar reluce de magnificencia.
En mi hogar sólo mora tu perfección.

Dame sabiduría para discernir lo perfecto
de lo imperfecto, y así poder transmutarlo.
Haz que toda la impureza sea absorbida
por el agua pura.
Ayuda a (*decir nuevamente el nombre
de la persona*) a transmutar su energía
para que pueda, al igual que mi hogar y yo,
vivir en paz y en armonía.
Que así sea.

7 • Una vez que vela y cono se hayan consumido, desechar el agua del vaso en alguna rejilla del hogar. Luego, verter abundante lejía en la rejilla para eliminar toda impureza que pudiera haber quedado.

COLORES Y APLICACIONES DE LAS VELAS

Como hemos indicado anteriormente, las velas son una de las herramientas más prácticas y eficaces con las que pueden contar a la hora de realizar trabajos energéticos. Les hemos ofrecido algunos rituales para proceder a la hora de limpiar el hogar de energía negativa; pero, obviamente, existen gran cantidad de situaciones en que el poder de las velas pueden ayudarlos a lograr un mayor estado de bienestar.

Por lo mismo, les ofrecemos las siguientes tablas con las que podrán identificar el color de vela que necesiten utilizar para un caso particular, así como los días de la semana en que resulta propicio realizar un ritual, de acuerdo con el objetivo que se desee conseguir.

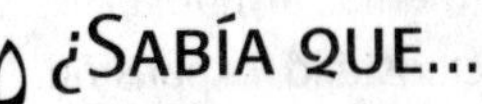

...la palma de la mano de los niños tiene en Japón un significado especial? Constituye un amuleto de la buena suerte y brinda protección contra los espíritus malignos en el hogar. Para ello, tiñen la palma de la mano de un niño con un color a elección, e imprimen su huella sobre un papel que cuelgan de una de las paredes de la casa.

LAS VELAS: COLORES Y ASPECTOS DESTACADOS

COLOR DE LA VELA	ASPECTO DESTACADO
Blanco	Pureza, fuerza, amplitud, clarividencia, buena salud, meditación, creatividad, sinceridad, espiritualidad.
Amarillo	Comunicación, habilidad en los negocios, sociabilidad, prosperidad, unidad, actividad.
Rojo	Pasión, amor, sexualidad, actividad, potencia, desafío, salud, energía, fertilidad, coraje, poder, vitalidad.
Anaranjado	Creatividad, sociabilidad, felicidad, atracción, placer, energía y claridad mental, armonía, abundancia, bondad, afectuosidad, expansión.
Violeta	Luminosidad, humildad, ensoñación, poder psíquico, transmutación de energías, éxito, independencia, paz, intuición.
Azul	Inteligencia, inspiración, intuición, paz, calma, tranquilidad, paciencia, entendimiento interior, comprensión, sabiduría, armonía.
Negro	Autosuficiencia, rectitud, meditación profunda, corte de energías negativas de cualquier índole: depresión, conflictos, discordia, confusión.

Color de la vela	Aspecto destacado
Rosa	Ternura, inocencia, docilidad, romance, amistad, encuentros y reencuentros, femineidad, honor, armonía, solidaridad.
Verde	Fertilidad, prosperidad, ambición, generosidad, salud, juventud, equilibrio, sensibilidad, buena suerte, abundancia económica, compasión, éxito, apertura laboral.
Índigo	Inspiración, inteligencia, apertura interior y exterior, transformación de situaciones, dignidad, intuición.
Marrón	Entendimiento intelectual, practicidad, detallismo, resolución de problemas (sobre todo de índole judicial), equilibrio.
Gris	Pasividad, evocación, prudencia, calma, evasión, tradición.
Plateado	Introversión, prudencia, cautela, armonía interior, mesura.
Dorado	Prosperidad, abundancia, paz, poder, admiración, ecuanimidad, emprendimiento, actividad, salud, transformación.

COLORES BÁSICOS Y SU INCIDENCIA ESPECÍFICA

Color	Tiene incidencia en...
Blanco	Puede utilizarse en todos los casos y para todas las situaciones.
Rojo (y todas las gamas asociadas)	La energía de tipo física.
Azul (y todas las gamas asociadas)	La energía psicológica y emocional.
Amarillo (y todas las gamas asociadas)	La combinación de lo físico y lo emocional.

LOS DÍAS DE LA SEMANA Y LOS COLORES ASOCIADOS

Día de la semana	Color
Lunes	Blanco
Martes	Rojo
Miércoles	Azul
Jueves	Índigo
Viernes	Verde
Sábado	Negro
Domingo	Amarillo

GEMAS Y METALES ASOCIADOS AL COLOR

La tabla que les ofrecemos a continuación indica qué gemas y qué metales se encuentran asociados a los diferentes colores de la velas. Esta información les servirá para acrecentar el poder energético del ritual que realicen, incorporando al mismo la gema o metal de que se trate.

Gemas y metales se ubicarán sobre un plato blanco cerca del lugar en el que se realiza el ritual con las velas. Las gemas y metales acompañan la realización del ritual pero en ningún caso deben entorpecer el mismo. Esto quiere decir que, si el ritual indica que sobre la base de la vela incorporen granos de café, no deben colocar allí ni la gema ni el metal. Por ello recomendamos incorporar estas nuevas herramientas, pero manteniéndolas un poco alejadas del ritual central.

COLOR	**GEMA ASOCIADA**	**METAL ASOCIADO**
Amarillo	Ágata	Mercurio
Azul	Lapislázuli	Cobre
Blanco	Perla	Plata
Anaranjado	Ámbar	Oro
Púrpura	Turquesa	Estaño
Rojo	Granate	Hierro
Verde	Azabache	Plomo

CAPÍTULO 5

Sepa cómo limpiar su casa... con gemas

EL MUNDO DE LAS GEMAS

Las gemas, conocidas comúnmente con el nombre de "piedras preciosas", constituyen herramientas energéticas de invalorable potencia. A diferencia de los demás reinos de la naturaleza, el reino mineral tiene la propiedad de irradiar energía siempre positiva. Cuando las gemas se "cargan" de energía negativa no la transmiten a los demás seres u objetos, sino que se atenúa su energía positiva y esto impide que puedan irradiarla y beneficiar a los seres y ambientes con su potencia. Por ello es necesario aprender a limpiar las gemas para quitar todo vestigio de negatividad y, al mismo tiempo, cargarlas nuevamente de energía positiva. En este capítulo encontrarán diversas técnicas con las que pueden contar para realizar la limpieza de las gemas.

La utilización de las gemas como instrumento de transmutación de la energía negativa no tiene límites. La mayoría de las personas, muchas aun desconociendo su poder, las llevan permanentemente en sus anillos, collares, pulseras y aros. Quienes son conscientes de la fuerza y potencial energético de las gemas, favorecen el contacto de las mismas con la piel, a fin de que la energía positiva que irradian constantemente penetre en el organismo y equilibre las energías corporales y psíquicas.

Si bien todas las gemas irradian energía positiva y sirven para transmutar la negatividad, cada una de ellas posee características propias que las encauzan hacia objetivos definidos y particulares.

Para saber qué gema utilizar en un momento dado de acuerdo con una necesidad específica, les ofrecemos, a continuación, una guía básica de gemas con las que pueden contar y sus propiedades intrínsecas.

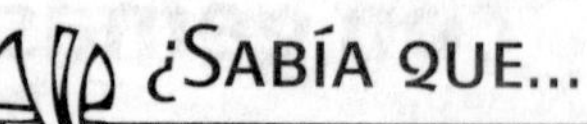

...en Oriente, la magnetita es un amuleto muy apreciado? También conocida con el nombre de "piedra imán", es un mineral que se utiliza como protección contra los malos espíritus.

GEMA	PROPIEDADES INTRÍNSECAS
Ágata	Alegría, bienestar general y facilidad de palabra.
Ágata cornalina	Armonía, concentración mental, energía positiva.
Aguamarina	Perseverancia, capacidad de adivinación del futuro. Antiguamente, con esta piedra se confeccionaban las bolas de cristal que se utilizaban en las artes adivinatorias.
Alejandrita	Liberación de maleficios y transformación de la mala suerte en buena suerte.
Amatista	Energizante y potente transmutador de las energías negativas en positivas (sobre todo de las energías internas de la persona que la porta).

Gema	Propiedades intrínsecas
Amazonita	Equilibrio físico, mental y espiritual.
Ámbar	Protección contra las enfermedades físicas, sobre todo las de índole respiratorio.
Apatita amarilla	Claridad mental y poder de resolución.
Azabache	Desarrollo de la buena suerte en los juegos de azar.
Berilo dorado	Desarrollo de la intuición y protección contra las enfermedades.
Calcedonia	Buen auspicio y protección en los viajes.
Coral rojo de la dentición	Libera a los niños de las pesadillas y de los dolores
Cuarzo citrino	Desarrollo de la intuición, claridad mental y emocional.
Diamante	Protección y coraje. Combinada junto con otra piedra preciosa, redobla el potencial de esta última.
Esmeralda	Armonía, equilibrio físico, mental y emocional. Antiguamente, se la consideraba una de las piedras que desarrollaba la clarividencia.
Granate	Purificador de la sangre y proveedor de incremento económico.
Jade	Protección contra las energías negativas, armonía, tranquilidad de espíritu.
Ópalo	Protección contra la tristeza y los estados depresivos. Favorece el adecuado sueño.

Gema	Propiedades intrínsecas
Perla	Preserva la felicidad y la continuidad del matrimonio.
Rubí	Alegría, felicidad en la unión amorosa. Favorece las reconciliaciones y el buen entendimiento.
Topacio	Capacidad para encontrar las palabras adecuadas en una conversación. Estimula el equilibrio de las relaciones en el campo social.
Turquesa	Protección contra las caídas y accidentes leves.
Zafiro	Equilibrio de energías. Favorece el desarrollo de la capacidad de transformar las energías negativas en positivas. Antiguamente se lo utilizaba en la curación con impostación de manos.

¿Sabía que...

...en la antigua Roma existían los llamados "penates", que eran los dioses guardianes de los hogares y también de sus bodegas? Los penates protegían el hogar de los peligros que provenían del mundo circundante, por lo que los habitantes de la morada les ofrecían, a cambio, galletas, vino, miel e incienso durante los días de fiestas.

RITUALES Y TÉCNICAS

PARA CONTRARRESTAR EL DECAIMIENTO ENERGÉTICO PERSONAL

1 • Tomar una amatista, lavarla bajo el chorro de agua tibia y dejarla secar al sol durante una hora.

2 • Dibujar una cruz con lápiz negro sobre una cartulina de color verde. Recortarla.

3 • Envolver la amatista con el trozo de cartulina y sujetarla con una cinta roja.

4 • Una hora antes de ir a dormir, colocar la amatista debajo del colchón y pronunciar la siguiente invocación al Príncipe Miguel:

MIGUEL, QUE TRABAJÁIS PARA EL RESPLANDOR DE LA VERDAD,
QUE VUESTRA PROTECCIÓN PERMANEZCA CONMIGO,
LA RECIBIRÉ COMO UN PRIVILEGIO,
RESPETÁNDOLA EN TODO MOMENTO.
PERMITID QUE CAMINE SIEMPRE CON DIGNIDAD,
APARTAD DE MÍ LAS IDEAS PERVERSAS,
HACED DE MÍ UN AMIGO, QUE SEPA DISCERNIR,
COMPRENDER Y NUNCA JUZGAR.
AYUDADME CONTRA MIS ENEMIGOS MATERIALES O ESPIRITUALES,
CONSCIENTES O INCONSCIENTES, Y EXPULSADOS.
PUES LA VERDAD ES VUESTRO SIGNO.
PERMITID QUE MI INTUICIÓN SEA COMO VUESTRA ESPADA
PARA DARME PROTECCIÓN.
APARTAD DE MÍ A LAS PERSONAS QUE QUIEREN
INDUCIRME A ERRORES.

Mi corazón está unido al vuestro y a vuestra energía,
que es mi verdad.
Haced de mí un mensajero fiel de la suprema verdad.
¡Salve, adorado Príncipe Miguel!
Amén.

5 • Dejar la amatista bajo el colchón durante siete noches seguidas.

6 • Luego, retirarla, desatar el preparado, desechar el trozo de cartulina y la cinta y lavar la amatista con abundante agua tibia y jabón neutro. Dejarla secar al sol para recargar su energía.

¿Sabía que...

...para el pueblo gitano el laurel es sumamente apreciado? Aseguran que en todo hogar en donde exista una planta de laurel jamás habrá discordias entre sus miembros.

PARA INVOCAR LA RENOVACIÓN ENERGÉTICA

1 ***ámbar amarillo o café dorado***
1 ***cornalina anaranjada o amarilla***
1 ***granate***
1 ***vasija con agua bendita***
2 ***velas blancas***
2 ***platitos blancos***

1 • Colocar las gemas dentro de la vasija.

2 • Adherir cada vela sobre cada plato, y ubicar los mismos a cada lado de la vasija.

3 • Encender con un mismo cerillo ambas velas.

4 • Recitar, a medida que las velas arden, la siguiente oración a San Lázaro:

San Lázaro, en el nombre de Dios, te pido
que me escuches, San Lázaro bendito,
cuando angustiado te invoque en mis horas
de dolor y anhelo de caridad y protección.
¡Oh, San Lázaro, escúchame por favor!
Bendito San Lázaro de Bethania, amparo
y sostén de María y Marta, a ti llamo,
¡oh! amado y siempre vivo espíritu de gracia,
con la misma fe y amor que Jesús llamó
a la puerta del sepulcro, de donde saliste vivo
y glorioso, después de haber estado por espacio
de tres días consecutivos, tu cuerpo enterrado,
sin haber dado la más leve señal de impurezas
o imperfección. Así también yo hoy llamo
a la puerta de tu Divino Espíritu, para que
con la misma fe que Dios infundió en ti,
me concedas lo que te pido (*realizar en este
momento el pedido de renovación energética
del hogar o cualquier otro que se desee*),
invocando para ello el incomparable amor
con que Dios te quiso premiar y resignación
con que supiste soportar la vida material.
Amén.

5 • Luego de la oración, dejar que las velas se consuman en su totalidad.

6 • Retirar las gemas y colocarlas, juntas, en una vasija de barro o cerámica. Ubicar la vasija en un rincón del hogar para que irradie la energía positiva.

7 • Tomar la vasija con el agua bendita y recorrer el hogar, esparciendo gotas del agua sobre paredes, muebles y objetos de la casa. Si lo desean, pueden repetir la oración a San Lázaro (u otra que sea de su elección) en el momento de rociar el hogar con el agua bendita.

PARA INCREMENTAR LA ENERGÍA POSITIVA EN EL HOGAR

Para esta técnica necesitarán adquirir cuatro cristales de cuarzo transparente que posean dos puntas (un vértice superior y un vértice inferior).

La técnica consiste en enterrar en el jardín un cuarzo por cada una de las esquinas del mismo. Se entierra cada cuarzo dejando al aire libre una de sus puntas, para que el contacto con el sol energice el cuarzo y, así, éste irradie esa energía hacia el terreno y el hogar.

Si no tuvieran jardín y sí patio, balcón o terraza, coloquen cuatro macetas en las esquinas y entierren los cuarzos de la manera explicada. Si no tuvieran patio o salida al exterior, adquieran un macetero rectangular y realicen el procedimiento indicado, utilizando las esquinas del macetero para enterrar los cuarzos. Coloquen el macetero en algún rincón soleado o iluminado del hogar.

PARA INVOCAR LA PROTECCIÓN DEL HOGAR

1 plato de mesa grande
1 gema correspondiente al signo del zodíaco de cada uno de los integrantes del hogar (ver pág. 76)
1 ámbar de cualquier color
1 azabache
1 imán
Unas hojitas de mirra
1 ramita de sándalo
1 espiga de trigo
1 vela roja
1 incienso
1 lima de acero
1 carbón vegetal

SI POSEEN UN CORAL O PUEDEN CONSEGUIR UNO, INCORPÓRENLO AL PLATO JUNTO CON LAS GEMAS.

1 • Adherir en el centro del plato la vela roja.

2 • Colocar alrededor de la base de la vela las gemas indicadas.

3 • En uno de los costados del plato, ubicar la ramita de sándalo, la lima y el imán. En el lado opuesto, la espiga de trigo y las hojitas de mirra. En uno de los costados que quedan libres, ubicar el carbón vegetal.

4 • Encender la vela roja con un cerillo.

5 • Encender el incienso con la llama de la vela.

6 • Ahumar por encima y en los laterales del plato, con movimientos circulares, recitando la siguiente oración a María Piedra de Imán:

María Piedra de Imán, encantadora y mineral
que con las Samaritanas anduvisteis, hermosura
y nombre le diste, suerte y fortuna me traerás,
imán, triste imán, será para resguardo,
conmigo estás.
Te pido oro para mi tesoro.
Te pido plata para mi casa.
Te pido cobre para yo darle a los pobres.
Y como foco de lumbrera que fuisteis de la Santísima
Virgen María, quiero que seas de la choza mía:
centinela de mi hogar y de mi personalidad;
yo quiero que mi casa sea próspera y feliz
y que la buena estrella me guíe y alumbre mi camino,
préstame tu magia bienhechora, quiero que me prestes
tu talismán, quiero tener poder y dominio
para vencer a mis enemigos, quiero que la buena
estrella me guíe y alumbre mi camino en recompensa
de lo que tú me das. Yo te daré a cuenta ámbar,
la cuenta de azabache, unos granitos de coral
para que me libre de la envidia y de todo mal,
te daré limadura de acero para que todo me sobre
y aumente mi rico sendero, te daré trigo para vencer
a mis enemigos, incienso y mirra por el aguinaldo
que le dieron los tres Reyes a Jesús amado,
y daré a las tres potencias por la virtud de la piedra
de Imán tres credos por primera, y por segunda
siete salves, y por tercera cinco Padrenuestros

y cinco Ave María alabando al Señor en este Santo día y diciendo gloria a Dios en las alturas y en la tierra paz a todos los seres de buena voluntad, pan bendito de Dios sagrado que satisface mi alma y limpia mis pecados. Carbón bendito, luz de mi hogar, esto le doy a la bendita Piedra de Imán.

7 • Dejar que vela e incienso se consuman en su totalidad. Pueden aprovechar este momento para pedir a María Piedra de Imán todo lo que necesiten para equilibrar las energías del hogar y las personales.

PARA QUE LA ENERGÍA POSITIVA IRRADIE CONSTANTEMENTE

1 *cristal de cuarzo transparente*
1 *amatista*
1 *berilo*
1 *lapislázuli*
1 *ágata*
1 *granate*
1 *hematite*
1 *jade*
1 *turmalina*
1 *papel de seda de color rojo*
1 *vasija de cristal, barro o cerámica*

Las gemas mencionadas pueden ser del color que prefieran.

1 • Limpiar muy bien las gemas con alguna de las técnicas ofrecidas a partir de la página 73.

2 • Forrar la vasija con el papel de seda.

3 • Disponer sobre el papel las diferentes gemas.

4 • Colocar la vasija en un rincón del hogar (preferentemente el de mayor uso) pero alejada y fuera de la vista de las personas que concurren al hogar.

5 • Una vez por mes, retirar las gemas, limpiarlas y energizarlas bajo el sol.

6 • Volver a colocar la vasija en el lugar elegido.

***RECUERDEN** que además de utilizar las gemas para ubicarlas dentro del hogar, pueden beneficiarse con la irradiación de su energía llevándolas como colgante, prendedor, pulsera o anillo. Estas gemas engarzadas, también deberán limpiarse con alguna de las técnicas ofrecidas (excepto la que se indica inadecuada para los engarces). Otra opción es colocar la gema elegida dentro de una bolsita y transportarla en la cartera o maletín.*

CÓMO LIMPIAR Y RECARGAR LAS GEMAS DE ENERGÍA POSITIVA

TÉCNICA DEL AGUA TIBIA

1. Tomen la gema con sus dedos. Debe quedar con su vértice o punta hacia abajo para descargar la energía.
2. Sumerjan de esta forma la gema en el agua corriente.
3. Usen un jabón neutro o detergente para limpiarla en todas sus partes y, especialmente, en sus hendiduras y vértices (si las tuviera). Pueden ayudarse utilizando un cepillo de dientes de cerdas suaves.
4. Enjuáguenla quitándole todo resto de jabón.
5. Pónganla a secar al sol.

EL AGUA QUE SE UTILIZA ES LA CORRIENTE Y DEBE ESTAR TIBIA.

TÉCNICA DEL HUMO

1. Enciendan un par de carbones para ahumar sobre una vasija resistente al calor, y agréguenle incienso, eucaliptus y laurel, de modo que el carbón queme las hierbas produciendo humo.
2. Tomen la gema entre sus dedos dejando que el humo la envuelva por completo.
3. Retírenla y colóquenla sobre otra vasija, y dejen que el proceso de defumación de las hierbas continúe para ir limpiando la zona de trabajo.

TÉCNICA DE LA SAL GRUESA O MARINA

1 • Diluyan la sal en agua en un recipiente de cerámica o vidrio.

2 • Sumerjan la gema y déjenla reposar durante un día como mínimo.

3 • Retírenla y déjenla secar al sol.

SÓLO SE UTILIZARÁ ESTA TÉCNICA SI LA GEMA A LIMPIAR NO POSEE ENGARCES DE METAL FIJOS.

TÉCNICA DE LA TIERRA NATURAL

1 • Caven un pozo en la tierra y hundan la gema tapándola por completo.

2 • Déjenla enterrada por un mínimo de 3 días.

3 • Luego, recuperen la gema y lávenla con agua tibia.

4 • Déjenla secar a la luz de la luna durante unas 3 horas, aproximadamente.

PUEDE UTILIZARSE LA TIERRA DE UN CAMPO O JARDÍN, PERO NUNCA LA QUE SE ENCUENTRE ABONADA.

TÉCNICA DEL AGUA DE MAR

1 • Coloquen la gema dentro de una red o bolsa que permita la entrada de agua.

2 • Sumerjan la red en el agua de mar durante una hora.

3 • Retírenla y déjenla secar al sol. Si la gema poseyera vértices o puntas, éstas deben quedar hacia arriba.

TÉCNICA DEL AGUA DE RÍO

1 • Coloquen la gema dentro de una red.

2 • Sumérjanla dentro del agua de río durante una hora y media.

3 • Retírenla y déjenla secar al sol (con el vértice hacia arriba, si lo tuviera).

¿SABÍA QUE...

...en la religión budista, los Ocho Emblemas Gloriosos que legó Buda poseen una característica particular? Es que La Rueda de la Ley, La Concha, el Diagrama de la Suerte, el Pez Dorado, la Flor de Loto, la Sombrilla, el Jarrón y la Trompeta de la Victoria se convirtieron, con el tiempo, en potentes talismanes de utilización corriente.

LAS GEMAS Y LOS SIGNOS DEL ZODÍACO

Conocer cuáles son las gemas asociadas a cada signo del zodíaco les traerá enormes beneficios tanto a nivel personal como en la limpieza del hogar. Habrán observado que uno de los rituales que les ofrecimos precisa de las gemas zodiacales de cada uno de los integrantes de la familia. Pero además, aprendiendo a limpiar y energizar las gemas, y sabiendo cuáles pertenecen al signo zodiacal, podrán recurrir a ellas en cualquier momento y bajo cualquier tipo de circunstancia.

Si, por ejemplo, sienten que se encuentran agotados, con falta de energía o voluntad, o irritados, enojados, o con cualquier síntoma de energía negativa, pueden, rápidamente, tomar la gema asociada a su signo y meditar o rezar alguna de las oraciones que se ofrecen en este libro. Para ello, mantengan siempre la gema en contacto con alguna parte de su cuerpo, sobre todo con la palma de la mano o ubicada en el entrecejo. Procuren rezar la oración en un ambiente apropiado, es decir, lejos de ruidos e interrupciones. También pueden ayudarse encendiendo un incienso a elección y dejando fluir en el ambiente una música serena.

SIGNO DEL ZODÍACO	**GEMA ASOCIADA**
ARIES	Rubí, diamante, siberita, amatista, rodocrosita, jade, malaquita, azurita, turmalina sandía.
TAURO	Aguamarina, lapislázuli, jade, berilo, esmeralda, jaspe, circón.
GÉMINIS	Crisopracio, topacio del Brasil, malaquita, zafiro, ojo de gato, crisoberilo, ágata, turmalina sandía.

Signo del zodíaco	Gema asociada
CÁNCER	Crisopracio, esmeralda, piedra lunar, ópalo, turmalina verde, turquesa.
LEO	Topacio, diamante, berilo dorado, ámbar amarillo, ágata fuego, granate, rubí, turmalina rosa.
VIRGO	Ojo de gato, ágata, turmalina sandía, turquesa, jade, azurita, cornalina, zafiro blanco.
LIBRA	Esmeralda, jade verde, berilo claro, aguamarina, diamante, ópalo, turmalina rosa.
ESCORPIO	Granate, aventurina oscura, rubí, topacio, malaquita, piedra lunar, turmalina verde.
SAGITARIO	Amatista, zafiro azul, lapislázuli, diamante, turmalina rosa, turmalina sandía, turquesa, azurita.
CAPRICORNIO	Ópalo, ónix, malaquita, zafiro azul, ámbar, cornalina, turquesa, granate.
ACUARIO	Ópalo irisado, ojo de gato, rubí, diamante, crisopracio, jade, lapislázuli, azurita, turmalina sandía.
PISCIS	Berilo verde, zafiro claro, circón, aguamarina, jade verde, piedra lunar.

CAPÍTULO 6

Sepa cómo mantener la energía positiva en su hogar

TÉCNICAS FÁCILES DE ARMONIZACIÓN Y PROTECCIÓN

TÉCNICAS PROVENIENTES DEL FENG SHUI

En el inicio de este libro hemos desarrollado el concepto de energía y cómo ésta se manifiesta en forma inmaterial y material. Ya desde la antigüedad, los chinos daban cuenta de que existe una energía invisible que es la esencia de todas las cosas, la que constituía a todos los seres. A esta energía la denominaron "chi" o "qi".

Asimismo, distinguen dos clases de chi: el chi intangible y el chi tangible. El primero no puede ser percibido por los sentidos, sino sólo a la luz de la intuición. El segundo se percibe a través de los cinco sentidos. Sin embargo, ambos chi interactúan al mismo tiempo y en todo momento.

A la vez, los chinos dan cuenta de que existe un chi bueno y un chi malo, tal como en nuestra cultura nosotros hablamos de energía positiva o negativa.

El feng shui toma estos conceptos básicos para darles una forma definida convirtiéndose en una filosofía de vida que busca, principalmente, armonizar a los seres con su medio ambiente.

Así, una de las aplicaciones prácticas que postula el feng shui es aplicar los conocimientos de la energía y de sus movimientos en el hogar, a fin de lograr el equilibrio del chi. Para ello, se sirve de diferentes herramientas que podemos utilizar para mantener la energía positiva en nuestro hogar.

EL FENG SHUI ES UNA DISCIPLINA QUE TIENE COMO BASE EL MEJORAMIENTO, LA PROTECCIÓN Y LA SANACIÓN DE LA ENERGÍA CHI, ES DECIR, DE LA ENERGÍA QUE NOS CONSTITUYE, QUE CIRCULA EN DERREDOR NUESTRO Y A LA QUE VEMOS REPRESENTADA EN NUESTRO ÁMBITO EXTERIOR.

Las herramientas que provienen del feng shui y podemos utilizar en nuestro hogar son:

1 • La utilización de espejos ubicados en el exterior del hogar para proteger la casa de la intromisión de energía negativa. Los espejos reflejan no sólo la imagen sino que también refractan, es decir, devuelven hacia el exterior la energía que les llega.

2 • La utilización de espejos ubicados en el interior del hogar para ampliar el espacio, acrecentar la luz dentro de los ambientes, para duplicar la imagen de las ventanas y así lograr que el paisaje exterior, siempre y cuando sea bello y armonioso, llegue a nuestro hogar. A la vez, el espejo interior también nos protege de las energías negativas que pudieran penetrar en nuestro hogar.

ES necesario que los espejos que utilicemos se encuentren en condiciones adecuadas, es decir, sin roturas o rajaduras que perturben la transmisión energética. Podemos utilizarlos, también, para lograr redondear formas cortantes y lineales en nuestro hogar, aportando así una mayor cuota de armonía.

3 • Utilización de luces como fuente de energía. Las luces tienen la propiedad de estimular la energía circundante, por lo que nuestro hogar deberá contar con ellas en todo momento.

Cuando nos referimos a las luces, estamos indicando cualquier fuente de luz que sea armónica: lamparillas, focos que pueden direccionarse para suavizar ángulos rectos, velas encendidas, lamparillas de diversos colores cálidos, focos colocados directamente dentro de una vitrina o similar, lámparas halógenas, etc. Mantener una luz encendida en un pasillo oscuro del hogar nos reportará un mayor nivel de energía, a la vez que impedirá trastornos, como golpes o tropezones, en la circulación de los miembros de la familia.

4 • La utilización de campanas, que pueden ser fijas o móviles colgantes. En la actualidad existen innumerables formas de campanas con las que podemos contar. Hay campanas colgantes confeccionadas con láminas de gemas que, al chocarse, producen sonidos armonizadores del ambiente. Si optan por ellas, les recomendamos consultar la tabla de las gemas expuesta en este libro para adquirir la que consideren que mejor se relaciona con su hogar. También las hay de diversos metales y de caña de bambú.

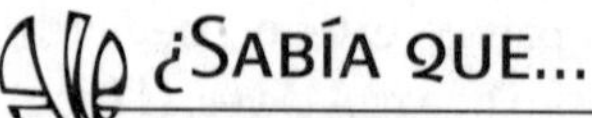

¿Sabía que...

...los soldados griegos utilizaban campanas para lograr la protección de los dioses? Según cuenta la historia, ataban campanas en el interior de sus escudos para conseguir la bendición de los dioses en el momento de entrar en combate.

En todo hogar, durante el día se producen infinidad de ruidos (además de los que llegan desde el exterior) que corresponden no sólo al movimiento habitual de los integrantes de la familia, sino también a la serie de artefactos y aparatos domésticos. Tener campanas en el hogar nos ayudará a contrarrestar los ruidos molestos y perturbadores, permitiendo que la energía positiva fluya de una manera armónica proporcionándonos un mayor bienestar.

En el feng shui, los móviles colgantes metálicos con la forma de tubos alargados son los más utilizados para proteger y armonizar tanto el hogar como a las personas que vivan en él.

5 • Utilización de fuentes de agua, tanto para el interior como para el exterior del hogar. El agua en movimiento no sólo activa la energía positiva sino que repele la negativa. La sola contemplación del agua en movimiento proporciona de por sí armonía, paz, bienestar y regocijo. Si poseen jardín, una fuente ubicada en el centro del mismo hará maravillas en su hogar. Si no poseen salida al exterior, adquieran una fuente de agua pequeña que puedan ubicar en algún rincón del hogar ya que, de esta forma, lograrán no sólo armonizarlo por el flujo del agua sino que, a la vez, lograrán dar un corte a la estructura angular recta del rincón, lo que en sí mismo proporciona armonía.

EL feng shui utiliza, además de las herramientas descritas, todas aquellas que tienen que ver con potentes armonizadores aromáticos. Para ello, les recomendamos consultar la guía de plantas e inciensos que ofrecemos en este libro y aromatizar su hogar con alguna de las especies mencionadas. Pueden, también, recurrir a los aceites aromatizantes para impregnar los ambientes, y también utilizar los hornillos que, a la vez, proporcionan luz de vela.

6. La ubicación armónica y adecuada de los muebles dentro del hogar. Nos referimos a la manera en que los mismos se encuentran dispuestos en los respectivos ambientes. El feng shui considera que la ubicación correcta de los muebles permite que la energía circule positivamente. Para que ello ocurra, es necesario que la energía penetre en el hogar por la puerta principal y recorra los diferentes ambientes y sus rincones, de forma suave y fluida, para recién después salir del hogar.

Como referencia, tengan en cuenta lo siguiente: son preferibles los muebles que poseen sus extremos redondeados. Si deben elegir, por ejemplo, una mesa de cocina o comedor, elijan la que posea sus esquinas suaves; y mucho más si es de vidrio.

Los muebles que poseen sus ángulos rectos o poco redondeados obstaculizan la energía circulante, por lo que conviene ubicarlos en forma diagonal en el ambiente. No atiborren los rincones y esquinas del hogar con muebles; cuanto más libres se encuentren mejor circulará la energía.

CUANDO PIENSEN EN LA DISPOSICIÓN DE LOS MUEBLES DE SU HOGAR TENGAN EN CUENTA QUE LA ENERGÍA DEBE FLUIR SIN OBSTÁCULOS. ELLO LES DARÁ UNA PAUTA PARA SABER CÓMO UBICARLOS PARA QUE LA ENERGÍA NO SE ESTANQUE.

7 • La utilización de plantas naturales es fundamental en el feng shui, pues nos permiten entrar en contacto con la naturaleza. Pero es necesario que las plantas que se encuentren en el hogar estén en buenas condiciones de salud. Las plantas enfermas no se aconsejan porque atenúan el poder energético del ambiente. Es necesario revitalizarlas lo más rápido posible y, en su defecto, y de acuerdo con las condiciones propias de la planta, o bien desecharlas o llevarlas a algún vivero para que tengan la posibilidad de restaurarse.

Si deben adquirir plantas nuevas y no tienen facilidad para dedicarse al cuidado de las mismas (por desconocimiento o falta de tiempo), les recomendamos aquellas que sean resistentes a los cambios y manipulaciones, como el aloe vera.

EL tipo de planta que el feng shui recomienda para ubicar en el interior de los ambientes es la que posee hojas anchas y con forma redondeada.

LA MAGIA DEL "ABRACADABRA"

Abracadabra es una palabra cabalística que, ya desde los tiempos del Imperio Romano, se utilizaba para combatir las enfermedades. Sin embargo, hoy en día la utilización del abracadabra se ha extendido hacia una diversidad de aspectos que exceden el campo médico.

En nuestro caso, utilizaremos la magia del abracadabra para actuar rápidamente contra la energía negativa que invade el hogar, en cualquier forma en que se encuentre representada, después de haber realizado una primera limpieza energética de nuestra casa, tal como se ha explicado en el inicio de este libro. En este sentido, podemos utilizar el abracadabra tanto para disolver la energía negativa que se exprese como enfermedad, tanto en nosotros como en los miembros de nuestra familia; cuando sentimos que el ambiente se encuentra enrarecido; cuando percibamos que las discusiones en la familia son frecuentes; cuando nos damos cuenta de que nuestra disposición frente a la vida es pesimista, etc.

Para que el abracadabra actúe con todo su poder, el término debe escribirse formando un triángulo que, a la vista, debe quedar de la siguiente manera:

ABRACADABRA

ABRACADABR

ABRACADAB

ABRACADA

ABRACAD

ABRACA

ABRAC

ABRA

ABR

AB

A

Para realizar el ritual, cunpliremos con los siguientes pasos:

1. Tomamos un papel blanco y escribimos el triángulo indicado con la palabra abracadabra. La escritura puede realizarse con lápiz negro o con cualquier color que deseemos. También podemos recurrir al color del día de la semana en que comencemos con el trabajo (cuya tabla se encuentra en la página 58).
2. Doblamos el papel en cuatro, quedando la escritura hacia dentro.
3. Durante nueve días llevaremos el papel con nosotros colocado en algún bolsillo de la ropa. Por la noche, sacaremos el papel y lo colocaremos bajo la almohada.

4. Al décimo día, desdoblamos el papel y encendemos una vela del color con el que hemos realizado la escritura. El único caso de excepción es que si escribimos con lápiz negro utilizaremos una vela roja.
5. Mientras la vela arde, leemos el triángulo desde arriba hacia abajo (comenzando por la palabra abracadabra y terminando por la a), nueve veces seguidas, dejando un espacio de meditación entre una lectura y otra.
6. Al terminar, colocamos el papel dentro de un plato hondo con agua. Lo dejamos en reposo hasta que la vela termine de consumirse en su totalidad.
7. Luego, desechamos el agua y el papel que ha quedado como residuo sobre los pies de un árbol.

LA UTILIZACIÓN DE AMULETOS Y TALISMANES

Desde la antigüedad, talismanes y amuletos han sido los preferidos de los pueblos para luchar contra todo tipo de mal: desde enfermedades hasta maldiciones han encontrado en una serie de objetos la canalización del poder para contrarrestarlos.

Los talismanes y amuletos se encuentran constituidos por figuras, símbolos, imágenes u objetos que protegen y proporcionan una energía positiva a quien los porta o al hogar en el que se los ubica.

Muchos son los objetos o figuras que pueden utilizarse como talismanes o amuletos. De hecho, los crucifijos constituyen verdaderos talismanes del poder de Dios para quienes confían en su protección.

Un talismán que utilizan en Oriente, por ejemplo, es el del Buda feliz. Consiste en una figura del Buda sentado, la que se ubica preferiblemente en el sector Este de un hogar, para proporcionar

PROTECCIÓN AL MISMO. SE DICE QUE EL BUDA FELIZ PORTA UN SACO Y UN RECIPIENTE. EN EL SACO RECOGE LOS PROBLEMAS Y CONFLICTOS QUE SE SUCEDEN EN EL HOGAR; MIENTRAS QUE EN EL RECIPIENTE SE ENCUENTRA EL NÉCTAR SAGRADO DE LA VIDA LARGA Y PRÓSPERA.

Con respecto a sus propios talismanes de la buena energía, cualquier objeto que ustedes consideren que les reporta alegría, bienestar, armonía y paz puede ser utilizado. En este sentido, las gemas que corresponden a su signo zodiacal pueden convertirse en verdaderos talismanes y amuletos portadores de energía positiva.

Pero tengan en cuenta que cualquier talismán o amuleto que utilicen debe ser primeramente potenciado en su energía y poder. Para lograrlo, realicen el siguiente ritual:

2 velas blancas
2 inciensos de sándalo
1 cuadrado de cartulina de color violeta
1 plato blanco

1. Adhieran las velas al plato.
2. Coloquen, a cada lado del plato pero separado de él, un incienso con su portaincienso correspondiente.
3. Ubiquen la cartulina delante del plato con velas. Sobre ella, dispongan el talismán o amuleto.
4. Enciendan las velas con un mismo cerillo.
5. Con otro cerillo, enciendan los inciensos.
6. Tomen el talismán en su mano derecha y reciten las siguientes palabras:

POR LA ENERGÍA DE LA VIDA QUE CORRE A TRAVÉS DE TI, PIDO A LA FUERZA CÓSMICA QUE POTENCIE ESTE OBJETO (*FIGURA, IMAGEN*) PARA CONVERTIRLO EN MI TALISMÁN DE PROTECCIÓN.

POR EL PODER DEL CREADOR DEL UNIVERSO,
PIDO QUE NADA NI NADIE ALTERE ESTE PODER
QUE ME ESTÁS CONFIRIENDO.

QUE LA PAZ Y LA ARMONÍA REINEN SIEMPRE EN MÍ
Y EN MI HOGAR.
QUE ASÍ SEA.

7 • Manteniendo el talismán entre los dedos pulgar e índice, ahúmenlo sobre los inciensos, mientras recitan las siguientes palabras:

HUMO PURIFICADOR, HUMO POTENCIADOR, HUMO QUE TRANSMUTAS LAS ENERGÍAS PARA CONVERTIRLAS SIEMPRE EN POSITIVAS; TE PIDO QUE, BAJO LA GRACIA DEL SUPREMO CREADOR, LIMPIES TODA IMPUREZA DE ESTE TALISMÁN, PARA QUE SU PODER PUEDA FLUIR LIBREMENTE.
QUE ASÍ SEA.

8 • A continuación, coloquen el talismán sobre las llamas de las velas, a la altura suficiente para que la luz y el calor lo envuelvan pero cuidando de no quemarse los dedos con que lo sostienen. En esa posición, reciten las siguientes palabras:

Velas purificadoras, velas potenciadoras,
velas que arden con la luz del Magnífico
para crear todo bien y para expulsar todo mal.

Con la fuerza de la luz blanca te otorgo
la sabiduría infinita para distinguir
el bien del mal y actuar en consecuencia.

Con el color violeta te otorgo la capacidad
para transmutar todo mal y quedar libre
de impurezas, maleficios o energía negativa.

Nada que desde el mal a ti llegue será absorbido,
sino que tu capa protectora actuará repeliendo
todo gesto, acción o palabra que pueda perjudicarme.

Todo lo que del bien a ti llegue será concentrado
en tu interior y devuelto a mí para mi bien y protección.
Tú eres desde este momento mi talismán
para mi protección y defensa contra todo mal
o daño que, consciente o inconsciente, llegue a mí.
Nunca te usaré para hacer daño o mal a otros,
sino para mi fortuna y prosperidad,
y para la armonía de mi hogar.
Que así sea.

9• Coloquen el talismán sobre la cartulina y dejen que velas e inciensos se consuman en su totalidad.

10• Al terminar, el talismán estará listo para cumplir con su función.

Algunos talismanes con los que pueden contar para llevar consigo o ubicar como centro de energía en sus hogares, son:

• Figuras de ángeles, que han sido desde siempre portadores de bendiciones y mensajeros de buenas noticias. También pueden utilizar los nombres de los ángeles preferidos escritos en un papel como talismán. Para ello, tomen un papel blanco y escriban los nombres con color rojo. Doblen el papel en cuatro y realicen el ritual para potenciar el talismán. Pueden ubicar el papel en algún lugar del hogar apartado de la vista de extraños y, cada tanto, extender el papel con los nombres y encenderles una vela blanca hasta que se consuma en su totalidad.
Los ángeles más importantes para utilizar sus nombres como talismán son:

Miguel

Gabriel

Rafael

Uriel

Raziel

Remiel

Ragüel

Sariel

• Estampas de santos o de seres que han realizado obras de inmenso bienestar para la humanidad.

• La figura de una antorcha encendida, siendo éste uno de los símbolos de la felicidad además del amor.

• La representación de una araña.

AUNQUE LA ARAÑA CUENTA CON POCOS ADEPTOS, LA CREENCIA EN LOS PODERES BENÉFICOS DE LAS ARAÑAS PERDURA HASTA NUESTROS DÍAS. LOS ROMANOS, POR EJEMPLO, UTILIZABAN LA FIGURA DE LA ARAÑA GRABADA EN ALGUNA GEMA PARA BENEFICIARSE CON SU PODER Y BUENA FORTUNA.

- Los amuletos que contengan imágenes de barcos también son indicados, porque poseen la particularidad de ayudar a resistir a los malos espíritus, así como en el plano material ayudan a superar tormentas y vientos fuertes.

- Las balanzas o su imagen tienen la propiedad de transmutar toda injusticia que provenga del exterior, tanto en la persona que las utilice como talismán como en el propio hogar.

- Un amuleto poderoso es colgar en una de las paredes del hogar una vara de bambú, que a la vez de proporcionar protección, activa la sabiduría y el poder de los integrantes del mismo.

- Un objeto que contenga la imagen de un búho también puede convertirse en un adecuado amuleto, ya que proporciona la protección devenida de la sabiduría, dando por resultado pensamientos y acciones exitosas en quien lo posea.

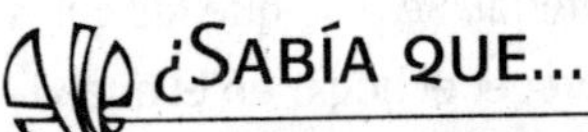

¿SABÍA QUE...

...el búho era el ave consagrada a Minerva, la diosa romana de la sabiduría?

• Colgantes u objetos con colmillos tienen el poder de atraer la buena suerte y de repeler las malas energías cortándolas de raíz.

• Todos los objetos o imágenes que tengan impreso un corazón remiten no sólo al amor de pareja sino que, principalmente, a la armonía, paz, bienestar y felicidad que proporciona el amor en general.

• Trozos de metales o gemas son ideales para convertirlas en poderosos talismanes de protección.

• Para luchar contra las energías negativas que se representan a través de las enfermedades, nada mejor que contar con un cuervo. Aunque muchos no lo crean, el cuervo utilizado como talismán propicia una adecuada salud, tanto psíquica como física.

¿Sabía que...

...fue un cuervo el que envió Noé desde su Arca para avistar el mundo circundante?

• Los objetos o figuras de animales en general constituyen adecuados amuletos de protección para el hogar. Para elegirlos, tengan en cuenta las propiedades del animal que sea de su agrado. Por ejemplo, el perro se caracteriza por ser guardián del territorio y por mantener la fidelidad para con los miembros que forman su familia. El gato posee la propiedad de ver "más allá" de lo meramente material. Se dice que los gatos pueden ver a los seres desencarnados y proteger el hogar en el que vive y a sus integrantes de sus disturbios.

¿Sabía que...

...el lagarto se encuentra asociado al animal que todo lo ve? En la antigua Roma, el lagarto era un animal venerado como símbolo de la sabiduría que todo lo ve y lo percibe. Por eso sus pobladores, y sobre todo los que entraban en combate, llevaban su figura como talismán. Tanto es así, que en el escudo de Minerva, la diosa romana de la sabiduría, era uno de los elementos constitutivos.

- Figuras u objetos que representen palos de escoba no deben faltar como amuletos. Lo ideal es construir un amuleto cruzando dos palos de escoba formando una equis, con sus puntas para arriba, y colocarlo en la entrada de la puerta del hogar (del lado interno). De esta manera, se impedirá que las energías negativas del exterior traspasen la barrera de entrada al hogar.

ÍNDICE